Robert Sinvin

Geist gegen Weingeist

Wege aus dem Labyrinth der Sucht

Mit einem Vorwort und Beiträgen
von Prof. Dr. med. Lothar Schmidt

federkultur

© 2010 by Friedrich Verlagsmedien, Frankfurt am Main
Edition Federkultur.
Alle Rechte vorbehalten.
Jede Verwertung in anderen als den gesetzlich
zugelassenen Fällen bedarf deshalb der
vorherigen schriftlichen Genehmigung des Verlags.
Umschlagabbildung auf Basis des Ölgemäldes
"Busto di Bacco" von Michelangelo Maestri (1850).

Printed in the EU.

ISBN: 978-3-937446-55-4

Inhalt

Vorwort von Prof. Dr. med. Lothar Schmidt 5

Einführung 9
Ein Wunder feiert 75. Geburtstag 9

Alles fängt so harmlos an 15
Flucht aus Verantwortung und Lebensbewältigung 16
Hildegards schleichender Prozess einer Suchtkarriere 19
Ein Gläschen in Ehren 22

„Spiritus contra spiritum" – Geist gegen Weingeist 29
Sieg durch Kapitulation 30
Brief an den Alkohol 33
Brief an ahnungslose Ärzte 34
Wiedergeburt – die Lebenskraft ins Lot bringen 37
Erfahrung, Kraft und Hoffnung teilen 39
Zwölf Schritte – Zwölf Traditionen 44
Die Spiritualität der Einfachheit als lenkende Kraft 53

Rückfall – was tun? 57
Alkoholverlangen und Suchtgedächtnis 57
Der Rückfall – eine unumkehrbare Katastrophe? 60
Vorbeugung und Gegenstrategien 62

Im Sog der Abhängigkeit – die Familie 67
Ist Alkohol nur das Problem Betroffener?
Prof. Dr. med. Lothar Schmidt 67
Al-Anon und Alateen 81

Wenn Kinder und Jugendliche trinken 85
Trinken bis der Arzt kommt 87
Eine verzweifelte Mutter und ihre alkoholkranken Söhne 88
Klarheit statt Märchen, Verharmlosung und Unbekümmertheit 92
Wie Eltern, Lehrer, Jugendbetreuer und Trainer in Sportvereinen
Kindern und Jugendlichen helfen können 98
Die Rolle der Eltern 98
Die Rolle der Lehrer und sonstigen Betreuer 100
Das wegweisende Programm *Lieber schlau als blau*, vorgestellt
und empfohlen von Prof. Dr. med. Lothar Schmidt 100
Die Rolle der Trainer, Übungsleiter und Betreuer in Sportvereinen . . . 103

Zusammenfassung und Ausblick 111
Alkoholismus und seine Folgen 111
Impulse für die Wissenschaft und Gesellschaft durch AA 113
Wer Hilfe sucht, beweist Stärke 116
Die Chance der Krise – ein Leben besser als gut 117

Service 120
Hilfreiche Adressen und Internetseiten 120
Weiterführende Literatur zu Spezialthemen 122
Anregungen und Gedanken aus der AA-Literatur 122
Weitere Literaturempfehlungen 123
Register 127

Vorwort
von Prof. Dr. med. Lothar Schmidt

Alkoholismus ist eine besonders gemeine Krankheit. Sie fängt in der Regel harmlos an und braucht zur Entwicklung ihres Vollbilds mit deutlicher Entzugssymptomatik viele Jahre, infiltriert und schädigt alle Lebensbereiche und verkürzt unbehandelt deutlich das Leben.

Zunächst zeigt der Alkohol seine positiven Seiten: Er hebt die Stimmung, fördert gesellschaftliche Kontakte, enthemmt und lässt Belastungen leichter ertragen. Da die Verträglichkeit für Alkohol zunächst zunimmt, erhalten Alkoholkranke am Beginn ihrer Krankheit oft Anerkennung: „Das ist ein richtiger Mann, der was vertragen kann!" Da jedoch die Fähigkeit abnimmt, mit Problemen, Belastungen und Missstimmungen fertig zu werden, wird Alkohol als Kompensationsmittel immer wichtiger. Alkoholkrankheit ändert Denken, Fühlen und Verhalten. Ursprüngliches Fehlverhalten wird vertieft und neues konditioniert. Die bewusste Steuerung des Alkoholkonsums geht zunehmend verloren. Diese Entwicklung wird im ersten Kapitel treffend beschrieben.

Da Alkoholabhängigkeit jahrhundertelang als Laster und Sünde und der Abhängige als haltloser, willensschwacher und asozialer Mensch gesehen wurde, wehrten sich Betroffene, dies zu sein. Obwohl bereits Trotter aus London Trunksucht als Krankheit beschrieben hatte, blieb Alkoholismus zunächst kein interessantes Forschungsgebiet. Die entscheidende Wende kam erst durch Jellinek, der sich in den 30er-Jahren des vergangenen Jahrhunderts durch das Literaturstudium fachkundig gemacht hatte. Doch das genügte ihm nicht. Er befragte etwa 2000 Anonyme Alkoholiker, sodass er 1946 Alkoholismus als Krankheit, 1957 die Entwicklung und Symptome der häufigsten Krankheitsform beschreiben, 1960 Alkoholkranke in Gamma- und Delta-Alkoholiker differenzieren und 1963 den Epsilontyp hinzufügen konnte. Alkoholismus wurde ein wichtiges Forschungsgebiet. Wissenschaftler beschäftigen sich seither mit der Wirkung des Alkohols auf Organe und den Stoffwechsel, mit Folgeschäden sowie Ursachen der Abhängigkeit. Man erkannte, dass neben dem Suchtpotenzial des Alkohols und Förderfaktoren aus dem Sozialbereich gut 50 Prozent genetische und biochemische Faktoren zur Entwicklung der Abhängigkeit beitragen, sodass Gerichte Alkoholismus als nicht selbstverschuldete Krankheit definierten.

AA ist mit den *Zwölf Schritten* ein wunderbares *Genesungsprogramm* geschenkt worden. Bill schrieb es nach einem Gebet in knapp 30 Minuten. Es beginnt mit der Voraussetzung für jegliche erfolgreiche Therapie, nämlich mit dem bedingungslosen Zugeben der eigenen Realität und anschließend mit dem Aufbau einer neuen Lebensperspektive. Die *Zwölf Traditionen* sind dagegen ein Produkt von Überlegungen und Erfahrungen zum Schutz und Überleben der weltweiten AA-Gemeinschaft. Der Autor hält seine Erläuterungen dazu bewusst in Kurzform und weist auf mein Buch „Fahrschule des Lebens" hin, in dem ich ausführlich auf jeden einzelnen Schritt im Sinne und Verständnis von Bill und Dr. Bob sowie der AA-Pioniere eingegangen bin.

Menschen unserer säkularisierten Gesellschaft entwickeln oft Widerstände, wenn in diesem Programm von Glauben und Gott die Rede ist. Doch AA ist mit keiner Konfession verbunden. Der zweite Schritt will jeden abholen, wo er auch steht. „Wir kamen zu dem Glauben" ist ein Entwicklungsprozess. Manchem erscheint diese Schwelle für ein neues Leben zu hoch. Doch es heißt: Mach´ dir´s nicht zu schwer! Schon in der Einführung des Autors wird deutlich: Es wird nicht verlangt, an irgendetwas zu glauben, um nüchtern zu werden. Man muss den zweiten Schritt nicht auf einmal machen. Alles, was man braucht, ist die Bereitschaft, alte Vorstellungen zu verabschieden und sich für neue Erfahrungen zu öffnen. Man wird diese machen und bereit werden, seinen Willen und sein Leben „Gott, wie wir ihn verstehen" (Bill), anzuvertrauen.

Bildgebende Verfahren in der modernen Hirnforschung geben uns die Möglichkeit, dem Hirn bei seiner Arbeit ein Stück zuzusehen. Sie zeigen uns, dass gespeicherte Informationen nur langsam abklingen und somit auch die Rückfallneigung. Genesung braucht viel Zeit, um verinnerlichte Programme zu ändern. Deshalb ist es wichtig, Rückfallgefahren frühzeitig zu erkennen und zu wissen, wie man ihnen begegnen kann. Ein Rückfall ist schlimm, er kann aber auch Anlass für einen verstärkten Genesungseinsatz werden. Alkoholiker erkannten, dass Alkoholismus eine Familienkrankheit ist. Partner und Kinder werden stets in das Krankheitsgeschehen mit einbezogen. Sie entwickeln Verhaltens- sowie schwere seelische Störungen und brauchen wie der Alkoholkranke Behandlung. Dabei erhalten die Kinder die geringste Hilfe. Auch die Entwicklung dieser Familienkrankheit wie die Fehlentwicklungen bei vielen Kindern haben einen typischen Verlauf.

Im letzten Kapitel schließlich geht der Autor ausführlich auch auf Fakten und Beweggründe exzessiven Alkoholkonsums von Kindern und Jugendlichen ein. Komasaufen und Binge-Drinking haben sich bei Kindern und Jugendlichen zunehmend zu einem großen Problem entwickelt. Jugendliche haben eine Emanzipations-, Identitäts- und Sexualkrise zu bewältigen, was sie zu bestimmten Verhaltensweisen veranlassen kann, die durch den Gruppendruck Gleichaltriger und Verlangen nach Spaß verstärkt werden. Die Gefahren werden dabei meist übersehen. Als eine der wirksamsten Präventionsmaßnahmen erweist sich „Lieber schlau als blau", die ebenfalls in diesem Buch vorgestellt wird.

Dieses Buch gibt einen guten Überblick über die Entwicklung der Alkoholabhängigkeit und dem bewährten Genesungsprogramm der *Zwölf Schritte* im Zusammenhang mit der Gruppenarbeit der Anonymen Alkoholiker. Es weist auf die Ursachen der Rückfälle ebenso hin wie auf die Möglichkeiten, sie zu verhindern. Es zeigt den Einfluss der Alkoholkrankheit auf Partner und Kinder und geht ausführlich auf die Ursachen des exzessiven Trinkens von Kindern und Jugendlichen ein und wie wir sie davor bewahren können.

Berlin im Spätsommer 2010

Alkohol ist ein vielfältiges Lösungsmittel:

Er löst Zungen,

er löst die Partnerschaft,

er löst den Führerschein,

er löst den Arbeitsvertrag,

er löst die Selbstachtung,

aber er löst keine Probleme!

„Sorgen ertrinken nicht in Alkohol.

Sie können schwimmen."

Heinz Rühmann

Einführung

*„Wenn du einem geretteten Trinker begegnest,
dann begegnest du einem Helden ...
Du sollst wissen: Er ist ein Mensch erster Klasse!"*
Friedrich von Bodelschwingh

„Bill Wilson ist der größte Sozialarchitekt des 20. Jahrhunderts!"
Aldous Huxley

Ein Wunder feiert 75. Geburtstag

Aus den Trümmern eines verpfuschten Lebens überwand Bill seinen Alkoholismus und begründete 1935 das Zwölf-Schritte-Programm der Anonymen Alkoholiker (AA), ein „spirituelles Genesungsprogramm der Einfachheit", wie er es später selbst bezeichnete. Vor diesem Hintergrund sicher ein schöner Anlass, dieses Geburtstags- und Mutmach-Buch in großer Dankbarkeit vorzulegen. Denn seither half dieses „spirituelle Genesungsprogramm der Einfachheit" Millionen anderer Alkoholiker und macht Mut, es Bill gleichzutun, den Weg aus dem Labyrinth der Alkoholabhängigkeit zu finden und mit Hilfe dieses einzigartigen Genesungsprogramms einem heimtückischen und lebensbedrohenden „Freund" standhaft zu trotzen.

Das Programm der „Zwölf Schritte" für ein Leben in zufriedener Nüchternheit und größerer Gelassenheit bilanziert Bill in der Rückschau: „Für einen Alkoholiker, der ein Leben ohne Alkohol führen will, genügt es nicht, dass er das ‚erste Glas' jeden Tag stehen lässt. Er braucht ein geistiges Programm für sein zukünftiges Leben. Die Anonymen Alkoholiker haben ihr ‚Programm' in ‚Zwölf Schritte' eingeteilt. Der erste Schritt: ‚Wir gaben zu, dass wir dem Alkohol gegenüber machtlos sind – und unser Leben nicht mehr meistern konnten', ist die notwendige Voraussetzung für einen neuen Anfang. Die übrigen elf Schritte sind Empfehlungen, gewonnen aus bitteren eigenen Erfahrungen, die dem Einzelnen helfen sollen, ein Leben in nüchterner Zufriedenheit zu führen und vom Alkohol dauerhaft zu genesen." Diese Empfehlungen verbunden mit praktischen Anweisungen für einen neuen Lebensweg erschließen sich in ihrer Wahrheit jedoch nur dem, der bereit ist, nach diesem Zwölf-Schritte-Programm sein Leben einzurichten.

Deshalb sagt auch ein bewundernswerter Förderer und einer der größten Wegbereiter der Anonymen Alkoholiker in Deutschland, Professor Dr. med. Lothar Schmidt, über dieses hilfreiche Genesungsprogramm: „Die Zwölf Schritte gehören zu AA wie die Wurzeln zu einem Baum. Nimmt man dem Baum die Wurzeln, kann er weder wachsen noch Früchte tragen. Er geht ein ..."

Ein Wegweiser zur „Kapitulation" (Näheres dazu siehe Seite 30 ff.) und eine praxistaugliche „Fahrschule des Lebens" (Lothar Schmidt) ist dieses Genesungsprogramm deshalb, weil es kein Programm für Theoretiker und Diskutierer ist, sondern Erfahrungsangebote bereit hält für Menschen in Not, die ihre Ohnmacht gegenüber ihrer Abhängigkeit, ihrer Begrenztheit und ihrer Fehlverhaltensweisen erkannt und zugegeben haben und die deshalb bereit sind, mit dem Trinken aufhören zu wollen.

Wir sehen also: Das Programm der „Zwölf Schritte" ist der Kern des Hilfsangebots der AA, einer hinterlistigen Krankheit dauerhaft zu widerstehen, weil es die Basis für ein verändertes Bewusstsein und für ein neues Lebenskonzept bereit hält. Das Programm enthält keine Ratschläge, sondern Empfehlungen – weil wir von AA nur zu gut wissen, dass Ratschläge manchmal wie Schläge wirken können –, es ist weder eine Religion noch irgendeine Ideologie, sondern enthält ganz schlicht und einfach ein Angebot, gegründet auf den Erfahrungen der ersten AA. Die „Zwölf Schritte" sind deshalb gedacht als Hilfsangebote zur Überwindung des Trinkzwangs, bei der persönlichen Lebensgestaltung und Lebensbewältigung. AA empfehlen daher, an den Grundsätzen nicht theoretisch-distanziert, sondern praktisch-lebensnah zu arbeiten, und es bleibt im Ermessensbereich jeder einzelnen Alkoholikerin / jedes einzelnen Alkoholikers, ob sie / er danach greift.

„Erst im Leben mit den Zwölf Schritten kommt ihr echter Wert zum Tragen. Ob ein Stuhl hält, was er verspricht, eine Sitzfläche zu sein, klärt man nicht durch Diskutieren, sondern indem man sich draufsetzt" (Lothar Schmidt).

Die „Zwölf Schritte" sind ein spirituelles Programm, das „eine Macht in sich trägt, größer als wir selbst" und auf die Hilfe einer „Höheren Macht" als wesentlichsten Faktor verweist. Genesene Alkoholiker begeben sich deshalb nicht in eine esoterische Hängematte und treten die Verantwortung für ihr Leben an eine „Höhere Macht" ab, wie in Unkenntnis des Zwölf-Schritte-Programms fälschlicherweise manchmal sogar von Ärzten, Psychologen und Therapeuten zu hören ist, sondern genesene Alkoholiker stehen vielmehr voll in der Verantwortung für ihr Leben und überantworten es der Hilfe einer „Höheren Macht".

Diese „Höhere Macht" ist im Selbstverständnis von AA nicht auf die Bezeichnung „Gott" reduziert, wie Christen oder andere Religionsangehörige ihn deuten und an ihn glauben. „Es ist der Geist, der sich den Körper baut", sagt schon der Arzt und Dichter Friedrich von Schiller. Ein anderer Großer, Albert Einstein, der sich vom monströsen Schimmer des Nobelpreises nicht erdrücken ließ und sich stets seine Demut bewahrte, sagt in der Rückschau auf sein Leben: „Meine Religion besteht in einer demütigen Beziehung zu einer unbegrenzten geistigen Macht, die sich selbst in den kleinsten Dingen zeigt." Und in einem ganzheitlichen Körper-Seele-Geist-Bezug bringt es der große Tiefenpsychologe und Therapeut Carl Gustav Jung auf den Punkt, als er Bills Brief beantwortet und eine praxistaugliche Deutung und Empfehlung für dauerhafte Genesung vom Alkoholismus gibt: „Spiritus contra spiritum" – Geist gegen Weingeist!"

Seit dem Briefwechsel zwischen Bill und C. G. Jung im Jahr 1961 betrachten die AA die Arbeiten C. G. Jungs und seine Deutungen des Geistes als wegweisend für ihre Anschauungen. C. G. Jung sieht den Geist als etwas, was außerhalb des

Menschen liegt, aber in die Sphäre seines Bewusstseins herabsteigen kann, um seinem Leben Bedeutung und Sinn zu geben – „den Antrieb und den glücklichen Einfall, die Ausdauer, die Begeisterung und die Inspiration", wie C. G. Jung es formuliert hatte. Spiritualität ist daher nicht auf eine bestimmte Religion reduziert, sie ist vielmehr weiter gefasst als eine Lehre oder Anschauung – sie betrifft die grundlegenden Menschheitsfragen: Woher komme ich, wohin gehe ich? Was ist richtig in meinem Leben? Was kann ich dafür tun? An wen oder was soll ich glauben? Was kann ich, was darf ich hoffen?

Spiritualität hat auch in den praktischen Fragen des Alltags einen hohen Stellenwert, sie ist eine wesentliche Quelle unserer Wertvorstellungen und führt uns zu sinnvollen, verantwortungsbewussten Entscheidungen im täglichen Leben. So kann sich das spirituelle Potenzial der entwickelten Persönlichkeit in einer Vielfalt von Aktivitäten ausdrücken: in der Überantwortung an eine „Höhere Macht" und damit verbunden im Vertrauen eines optimalen „Coaching" durch diese „Höhere Macht", in einer Religion, im Gebet um Fürbitte für ein Leben in zufriedener Nüchternheit und Dank für das Erreichte, in der Meditation, aber auch im sozialen und politischen Engagement.

Als Haupteigenschaft der „Höheren Macht" erkenne ich wie viele meiner AA-Freundinnen und AA-Freunde die Allmacht der Liebe, der geschwisterlichen, schenkenden Liebe, wie sie im griechischen Wort „Agape" so schön zum Ausdruck kommt. Die Kraftquelle dieser Liebe durchdringt das ganze spirituelle Programm der AA wie eine rettende und barmherzige Kraft, nach der jede / jeder greifen kann, wenn sie / er bereit ist, diesen Rettungsversuch einfach zu unternehmen. Dieser Glaube an eine liebende „Höhere Macht" markiert eine vertrauensvolle Offenheit für das, was außerhalb unseres Selbst liegt – die Freiheit, sich den Menschen, der Welt der Natur, sich irgendetwas Höherem außerhalb menschlicher Grenzen zu öffnen – seelisch-geistiges Urvertrauen, das unabhängig von jeder Sozialisation auch neu entwickelt werden kann.

Liebe AA-Freundinnen und AA-Freunde weltweit: Seht und nennt diese „Höhere Macht" wie jede / jeder von euch möchte, nennt sie „unendliche Liebe" , nennt sie „Weisheit", nennt sie „unendliche lenkende Kraft", nennt sie

„Gott", wie ihr ihn versteht, nennt sie „Geist", wie er in der Gruppe, in jeder und jedem von euch durch das gelebte Zwölf-Schritte-Programm wirkt.

Hilfreich ist vor allem, dass dieser Geist zu der Erkenntnis führt, dass Trockenheit allein nicht das Genesungsziel ist, denn diese heimtückische Krankheit infiltriert und schädigt alle Lebensbereiche. Trockenheit ist die Basis, um körperlich, seelisch, geistig und sozial zu gesunden, um ein neues, freies und zufriedenes Leben in Nüchternheit aufzubauen. Die Entscheidung zur Trockenheit ist die Kehrtwende vom Weg des Selbstbetrugs und der Selbstzerstörung zum Weg der Genesung und des Stillstands der Krankheit, denn Alkoholismus ist nicht ursächlich heilbar wie eine Blinddarmentzündung durch die Entfernung des Wurmfortsatzes.

„Spiritus contra spiritum" – Geist gegen Weingeist: Wie dieser Geist seine Wirkung aus dem gelebten Zwölf-Schritte-Genesungsprogramm entfalten kann, zeigt dieses Buch Schritt für Schritt und mit Beispielen von Alkoholikerinnen und Alkoholikern, die ihre Abhängigkeit durch das AA-Genesungsprogramm überwunden haben und zufrieden im Heute leben. Dies kommt sehr anschaulich auch in einer Ethik zum Ausdruck, wie sie ein AA-Freund mit seinen *Zehn goldenen Lebensregeln* im Umgang mit sich und seiner Mitwelt gefunden hat:

- Sei immer ehrlich und großzügig – auch zu dir selbst.
- Schenke und lass' dich beschenken, ohne an eine Gegenleistung zu denken.
- Versuche hin und wieder, dich loszulassen, von dir abzusehen.
- Sei nicht zu stolz, dir helfen zu lassen.
- Gib dem anderen, was er braucht – nicht, was er „verdient".
- Verurteile niemanden, sprich nur gut über andere – oder gar nicht.
- Halte der Versuchung und dem Bösen stand, ohne neues Leid und Böses zu schaffen.
- Lösche jeden Gedanken an Rache und Vergeltung unverzüglich aus.
- Vergib ehrlichen Herzens – damit bist du deiner „Höheren Macht" sehr nahe.
- Sei dankbar für deine Genesung und sage es auch – es macht dich und andere glücklich.

Mögen im Sinne unseres AA-Lebensprogramms viele andere, die heute noch von dem übermächtigen und vermeintlichen „Freund Alkohol" abhängig sind, den Weg in ein nüchternes, selbst bestimmtes und zufriedenes Leben finden! Denn wir AA-Freunde vertrauen einander, wir glauben aneinander und wir hoffen füreinander.

Ich schließe die Einführung zu diesem Geburtstags- und Mutmachbuch, dem ich eine größtmögliche Verbreitung wünsche, mit Bills Worten: „Ich danke Gott, wie wir ihn verstehen, dass es Euch gibt und ich mit Euch auf dem Weg sein kann."

In Dankbarkeit und Demut,
Euer AA-Freund

Alles fängt so harmlos an
– auch der Weg in die Abhängigkeit

Ich bin in so genannten einfachen Verhältnissen aufgewachsen und verdanke es der Weitsicht und Beharrlichkeit meiner Mutter, dass ich gegen den Willen meines Vaters aufs Gymnasium kam. Meine Leistungen waren ganz gut, denn nur damit konnte ich meinem Vater beweisen, dass sich Mutter nicht geirrt hatte! Aufgrund dieser Leistungen fiel ich nicht nur den Lehrern angenehm auf, sondern auch einigen Eltern meiner Klassenkameraden, die sich wohl auch so einen Burschen wünschten, was aufgrund ihrer mir peinlichen Lobhudeleien unschwer zu erahnen war. So kam es, dass ich an den schulfreien Nachmittagen zum willkommenen „Nachhilfelehrer" einiger Klassenkameraden avancierte und dafür von ihren Müttern mit Unmengen Kuchen und anderen herrlichen Gaumenfreuden entlohnt wurde, wofür ich sehr dankbar war, denn zu Hause gab´s so Tolles nur an Festtagen.

Auch im Sport hatte ich einiges zu bieten, war ein guter Läufer und Schwimmer obendrein. In der Kirche machte mir der Ministrantendienst viel Freude, und bald wurde ich sogar Oberministrant. Ausgerechnet der für uns Ministranten zuständige Kaplan sollte es sein, der mir – wohl in völliger Ahnungslosigkeit und Naivität – zu einem Schlüsselerlebnis mit Alkohol verhalf. Er lud mich – damals 18-jährig – auf einem Kirchweihfest zu einer Maß Bier ein, um mir eine „kleine Freude zu machen", wie er gutgläubig meinte. Die Wirkung dieser ersten Maß Bier war enorm, und so fing auch bei mir alles ganz harmlos an: Ich war aufgrund der Alkoholwirkung plötzlich nicht mehr so ernst, fühlte mich richtig cool, wie die heutigen jüngeren Semester sagen, war gesprächig und völlig entspannt, weniger gehemmt als sonst und wollte von Stund´ an dieses herrliche Gefühl auch künftig haben. So saß ich schon wenige Tage nach diesem Schlüsselerlebnis am Samstagnachmittag in einer Werkskantine mit öffentlichem Gaststättenbetrieb, wo man damals die „Halbe" noch für 50 Pfennig bekam, und das Verhängnis nahm seinen Lauf...

Auszug aus meiner eigenen Lebensgeschichte

Flucht aus Verantwortung und Lebensbewältigung

Den wenigsten Menschen ist bewusst, dass jedes Verhalten süchtig entarten und damit in die Abhängigkeit führen kann. Die Flucht aus Verantwortung und Lebensbewältigung fängt in der Regel ganz harmlos an, aus Neugierde, dem Wunsch nach Geselligkeit, nach Entspannung oder Aufmunterung. Die anfangs durchaus stresslösende und stabilisierende Wirkung mithilfe von Alkohol ist jedoch nur scheinbar und bedarf ständiger Stützen bzw. Krücken, um nicht in sich zusammenzubrechen.

Jeder Mensch bedient sich, ob bewusst oder unbewusst, bestimmter Krücken des Lebens, wie Lebens- oder Notlügen, Illusionen, Täuschungen, Fernsehen, Musik oder Alkohol, Nikotin, Medikamenten, illegaler Rauschdrogen. Dort jedoch, wo wir Menschen die Kontrolle über unser Verhalten verlieren und einen zwanghaften Wiederholungsdrang einer Verhaltensweise oder stofflichen Stimulationszufuhr verspüren, beginnt die jeweilige Abhängigkeit. Alles fängt so harmlos an – die Alkohol- und / oder Medikamentenabhängigkeit eines guten Freunds, den man schon seit der Studentenzeit gut zu kennen glaubte, die Alkoholabhängigkeit einer Frau aus der Nachbarschaft, die immer so freundlich und zuvorkommend ist, oder der Alkoholmissbrauch eines jungen Menschen, dessen Überflieger-Qualitäten in der Schule ebenso bewundert werden wie sein Talent auf dem Sportplatz.

Ihr Mann hat doch nur kräftig gefeiert, glaubt die Ehefrau und wiegt sich in der trügerischen Hoffnung, dass er deshalb ebenso wenig alkoholkrank ist wie seine Freunde, die Kegelabende und ähnliche Events gern zum Anlass nehmen, ebenso wie er „einen über den Durst zu trinken". In einer anderen Familie hat selbst der Ehemann lange nicht gemerkt, dass seine Frau heimlich mehr und mehr Alkohol zu sich nimmt. Und wenn die Eltern eines 18-jährigen Jungen nicht dumme Sprüche wie „Wer niemals einen Rausch gehabt, ist auch kein rechter Kerl" geklopft und nicht weggeschaut hätten, als er nach einem Fußballspiel und Treffen mit Freunden betrunken nach Hause kam, hätten sie noch Einfluss auf ihn gehabt und ihn möglicherweise vor dem Weg in eine Trinkerkarriere bewahren können.

Das Verlangen nach Grenzüberschreitung, Ekstase und Bewusstseinserweiterung, nach Pflicht- und Verantwortungsflucht, nach berauschenden wie dämpfenden, vermeintlich stärkenden Stimulatoren ist bei zu vielen Menschen vorhanden, unter jungen Menschen besonders besorgniserregend gewachsen, und „Freund" Alkohol steht dabei an erster Stelle.

Viele Kinder und Jugendliche erlernen ihre Einstellung zum Alkohol durch das Vorbild der Eltern und durch ihre Umwelt. Im Gegensatz zu illegalen Drogen, die gesellschaftlich geächtet sind, ist Alkohol gesellschaftsfähig. Gewöhnlich wird getrunken, wenn man mit anderen Menschen zusammen ist, z. B. in der Freizeit, im beruflichen Alltag, auf Partys, bei Sportveranstaltungen, in Diskotheken und Gaststätten, aber auch in Jugendheimen, in Jugendzentren und in ähnlichen Einrichtungen zur Freizeitgestaltung Jugendlicher.

Um kein Missverständnis aufkommen zu lassen: Niemand kann ernsthaft bestreiten, dass alkoholische Getränke für Erwachsene, die damit umgehen können, ein Kulturgut sind. Doch Alkohol hat ein Doppelgesicht: Für nicht wenige Menschen ist er eine gefährliche Droge, was in unserer Gesellschaft leider zu oft übersehen, verdrängt oder verharmlost wird. So bedenken beispielsweise manche Eltern nicht, wenn sie vor ihren Kindern völlig unbekümmert tief ins Glas schauen, ihre Trinkfestigkeit heroisieren oder mit dummen Sprüchen die eigenen Kinder nicht nur zum Trinken animieren, sondern aufgrund ihres groben Fehlverhaltens dem einen oder anderen ihrer Sprösslinge das eigene Grab schaufeln. Die vielen Alkoholtoten pro Jahr fallen ja nicht vom Himmel, und viele Suchtkarrieren haben ihre Wurzeln im Elternhaus, wo alles völlig harmlos anfing.

Allein in Deutschland sterben jährlich über 73 000 Menschen an den Folgen eines gesundheitsschädlichen Alkoholkonsums. Das Ausmaß dieser Tragödie wird deutlich, wenn man sich klar macht, dass dies in nur drei Jahren so viele Tote sind wie in einer Stadt so groß wie Freiburg im Breisgau Menschen leben!

Alkoholkonsum und Alkoholabhängigkeit in Zahlen

Nach Angaben der Deutschen Hauptstelle für Suchtgefahren (DHS) konsumierte jeder Bundesbürger 2008 zehn Liter reinen Alkohol. Bei Frauen waren es zwölf Gramm täglich, bei Männern 24 Gramm. Insgesamt wurden 141,2 Liter alkoholische Getränke pro Kopf konsumiert (Bier: 111,1 Liter, Wein: 20,7 Liter, Schaumwein: 3,9 Liter, Spirituosen: 5,5 Liter).

Rund 1,3 Millionen Menschen in Deutschland gelten als alkoholkrank. Mehr als 73 000 sterben jedes Jahr an den Folgen eines gesundheitsschädigenden Alkoholkonsums.

❶ Rund 25 700 Kinder und Jugendliche wurden wegen eines akuten Alkoholrauschs in ein Krankenhaus eingeliefert.

❷ Die Zahl der Alkoholabhängigen unter 27 Jahren schätzt die DHS auf rund 130 000.

❸ Das Robert-Koch-Institut beziffert die jährlichen Kosten im Zusammenhang mit Alkoholmissbrauch auf 24,4 Milliarden Euro. Umgerechnet entspricht dies 1,16 Prozent des Bruttoinlandsprodukts.

❹ Alkoholabhängigkeit wird entsprechend der Trinkgewohnheiten und Abhängigkeitsgrade unterschieden: So gibt es Konflikttrinker, Gelegenheitstrinker, Suchttrinker, Gewohnheitstrinker (Spiegeltrinker) und episodische Trinker (Quartalssäufer).

❺ Ein erhöhter Alkoholmissbrauch kann zu schwerwiegenden Erkrankungen führen wie bspw. chronischer Leberentzündung, Fettleber, Leberzirrhose, Psychosen, Depressionen, Bluthochdruck, Demenz, Nervenschädigungen sowie verschiedenen Krebsarten (Magenkrebs, Speiseröhrenkrebs oder Bauchspeicheldrüsenkrebs.)

Doch es gibt Wege aus dem Labyrinth der Abhängigkeit, wie die Mut machenden Lebensgeschichten zweier höchst unterschiedlicher Menschen zeigen.

Hildegards schleichender Prozess einer Suchtkarriere

Hildegard besucht heute regelmäßig eine AA-Selbsthilfegruppe, um selbst „trocken" zu bleiben und anderen zur Trockenheit zu verhelfen. Sie hat den schleichenden Prozess einer Suchtkarriere durchlitten und konnte schließlich neu anfangen.

Die Ehefrau eines selbstständigen Schreinermeisters und Mutter zweier erwachsener Söhne kam als junges Mädchen mit der Erblast eines alkoholkranken Großvaters aus Bayern, wo „Bier kein Alkohol, sondern flüssiges Brot ist", nach Hessen, der Heimat ihres Mannes. Frühzeitige Mussehe mit 17 Jahren, nachdem unvorhergesehener Nachwuchs unterwegs war. Gelegentlich mal eine Flasche Bier, das war für sie ganz normal.

Bis 1970, die Kinder waren gerade sechs und drei Jahre alt, hatte sie noch kein Rauscherlebnis gehabt, doch hatte sie gespürt, dass der Cola-Cognac zum Nachmittagskaffee mit Bekannten ein belebendes, entkrampfendes Gefühl erzeugt, das ihr die Tageslast ein wenig abnahm. Abends trank Hildegard dann noch mit ihrem Mann, mit dem sie eigentlich wenig sprach, zwei Biere, später pro Abend bis zu vier Flaschen, wobei sie das entspannende Gefühl und das Sichlösen ihrer Zunge genoss.

Mit wachsenden Alltagsbelastungen, Hausbau, Mitarbeit im Schreinergeschäft, Versorgung der Familie und Pflege einer schwer kranken, ungeliebten Schwiegermutter, auf die sie eifersüchtig war, steigerte sie ihre Alkoholdosis. Nach dem Tod ihrer Schwiegermutter wuchsen die Belastungen innerhalb ihrer Ehe und wegen ihres Schwiegervaters, der – ebenfalls bettlägerig – zum Pflegefall wurde und forderte, dass sich alles um ihn drehen musste.

Nur mit vier bis fünf Cola-Cognac fühlte sich Hildegard den Anforderungen gewachsen. Ab 1974 begann sie bereits vormittags zu trinken, ohne jedoch ein Vollrauscherlebnis gehabt zu haben. Als der Schwiegervater 1976 starb, eskalierten die innerehelichen Probleme unverdeckter als zuvor.

„Wegen der Kinder haben wir versucht, zusammen zu bleiben. Ich hatte ja meine ‚Tröster', ich hatte meinen Cognac. Mein Mann hat das zunächst gar nicht gemerkt."

Mit dem Tod des eigenen Vaters im Jahr 1977 starb ihre einzige Bezugsperson. Sie glaubte, ihren Kummer regelrecht jeweils mit bis zu zwei Flaschen Weinbrand ersäufen zu müssen. Als neue Nachbarn zuzogen, begann eine feucht-fröhliche Fetenepoche, zum Teil wurde zwei Tage durchgefeiert – eine Mordsgaudi. Das war die Zeit ihrer ersten Vollrauscherlebnisse, Filmrisse, Black-outs. Ihr war aber nicht bewusst, dass sie bereits Alkoholikerin im fortgeschrittenen Stadium war. „Wenn jemand gesagt hätte, dass ich Alkoholikerin bin, den hätte ich ausgelacht."

Ihr Mann merkte erst sehr spät etwas von ihrer Krankheit und drohte ihr mit Rausschmiss, was sie zu noch mehr Schauspielerei und Vertuschung ihrer Abhängigkeit animierte. Eine Freundin, die ihr den „Kopf waschen wollte" und sie als Alkoholikerin bezeichnete, verlachte Hildegard.

„Schlimm war es vor allem für die Kinder, wenn sie nach Hause kamen: Herumbrüllen ohne Grund; Schwankungen meiner Verfassung prägten meinen Gemütszustand. Später habe ich immer alles wieder bereut, Schuldgefühle gehabt und versucht, mit Süßigkeiten alles wieder gut zu machen."

Erst eine Geburtstagsfeier, die für Hildegard mit einer Alkoholvergiftung endete, ließ ihr dämmern, dass vielleicht etwas mit ihr nicht in Ordnung sei. Doch diese Gedanken waren vergessen, wenn der erste „Zitterschluck" in den frühen Morgenstunden gegen die entsetzlichen Entzugserscheinungen den Alkoholpegel wieder ins Lot gebracht hatte. Gefunkt hat es erst, als sie Wochen später im April 1984 nach dem Aufwachen in einen Delirium ähnlichen Zustand verfiel: „Mir war so elend, Magenkrämpfe, Zittern, Flimmern vor den Augen, Sinnestäuschungen. Was ich trank, erbrach ich wieder. Da schaute ich in den Spiegel. Das hat mich so angeekelt, ich habe mich so vor mir geschämt, dass ich gesagt habe: ‚Jetzt ist Schluss'."

Hildegard ging zu ihrem Hausarzt: „Ich bin Alkoholikerin, ich will zur Kur", waren ihre Worte. „So klar wie an diesem Tag war ich lange nicht mehr." Ihr

Bekenntnis, „ich bin abhängig und dem Alkohol gegenüber machtlos", machte sie frei, schenkte ihr neue Kraft. Der Arzt sorgte dafür, dass sie sofort zum Entzug in eine Klinik gehen konnte. Die sich unmittelbar daran anschließende Langzeittherapie in einer Fachklinik für suchtkranke Frauen, wo Hildegard zunächst völlig von der Außenwelt abgeschirmt war, genoss sie: „Ich hatte so die Nase von Männern, Familie und allem voll. Wir erwogen die Scheidung."

In den ersten sechs Therapiewochen war nur Schriftverkehr, später wöchentlich ein Fünf-Minuten-Telefonat und im Anschluss daran abwechselnd Telefonwoche oder Besuchswoche erlaubt. Erst durch den Briefkontakt konnte sich Hildegard ihrem Mann öffnen: „Da konnte ich endlich reden, das war eine ganz neue Erfahrung für mich." Der Erfolg: Sie einigten sich, es noch einmal miteinander zu versuchen – Bedingung war: Nichts mehr unter den Teppich zu kehren, Ängste, Sorgen, Gefühle und Probleme offen an- und auszusprechen, sich nichts mehr vorzumachen. Die Ehe geht bis heute gut.

Im Anschluss an ihre Therapie in der Fachklinik, wo sie erstmals auch von der Selbsthilfe-Gruppe der Anonymen Alkoholiker hört, besucht sie eine AA-Gruppe. „Erfahrung, Kraft und Hoffnung teilen", hört sie dort und spürt sofort, was damit gemeint ist. Seit drei Jahren ist sie nun trocken und zuversichtlich, dass sie es bleiben und mithilfe des AA-Zwölf-Schritte-Programms seelisch-geistig wachsen kann. Warum aber hatte sie getrunken?

„Ich glaube aus Stress und innerer Vereinsamung, da ich nicht über meine Gefühle zu reden wagte. Außerdem hatte ich zu große Erwartungen von der Ehe als heile Welt, für die ich selbst nichts tun musste. Illusionen und Kinderträume. Ich hatte mich geweigert, die Realität zu sehen. Nach außen hin habe ich versucht, die heile Welt gegenüber Nachbarn, Freunden und Geschäftsfreunden darzustellen – ohne Alkohol war diese Unehrlichkeit jedoch nicht auszuhalten."

Seit Hildegard weiß, weshalb sie getrunken hatte, trocken wurde und der Realität ohne Schnörkel und Schminke in die Augen sehen kann, änderte sie ihr Leben komplett: „Ich sehe nicht mehr alles so eng. Wenn Stress-Situationen da sind, versuche ich zunächst mit autogenem Training meine Ruhe zu bewahren, mir meine Gelassenheit, wie ich dies bei AA gelernt habe, nicht nehmen zu lassen. Ich gehe auch spazieren und brülle, wenn mich keiner hören kann, ganz laut. Ich pflege Hobbys wie Nordic Walking und lese gern. In meiner Saufzeit habe ich gerne irreales Zeug, Liebesschnulzen und Romanheftchen zum Erhalt meiner Scheinwelt gelesen. Das ist völlig vorbei. Ich rede heute mit Blumen, freue mich über meine Wasserschildkröten und über sonstige kleine Dinge im Leben. Ich bin sicher: Auf ein bewusstes Leben, auf das bewusste Wahrnehmen kommt es an. Wenn man Verantwortung für das eigene Leben übernimmt und die Lüge weglässt – beides habe ich bei AA gelernt – , dann erlebt man die Freuden, die das Leben ebenfalls bereit hält, viel intensiver. Ich lebe seit dieser Erfahrung sehr zufrieden und gern. Ich habe dadurch an Ausstrahlung gewonnen, ebenso hat meine Ehe gewonnen. Und mein Freundes- und Bekanntenkreis profitiert ebenfalls davon."

Ein Gläschen in Ehren

„In vielen Führungsetagen wirkt es suspekt, wenn jemand nicht mittrinkt", sagt ein Manager, bei dem alles mit dem berühmten „Gläschen in Ehren" ganz harmlos anfing und der dann später immer häufiger in Ausnüchterungszellen landete. Im Folgenden seine Geschichte, eingebunden in Informationen über Alkoholabhängigkeit in Chefetagen, über den fahrlässigen Umgang mit auffällig gewordenen Mitarbeitern in Unternehmen und damit verbundenen Folgen: „Der Kreativität eines Alkoholikers sind keine Grenzen gesetzt. So sind z. B. eigentlich nur vier Dinge für das Versteckspiel erforderlich, um sich und andere zu betrügen – mehr nicht", sagt Robert, „eine leere Mineralwasserflasche, ein paar Tropfen Minzöl, eine Packung Fisherman's Friend und viele Tassen Kaffee." Schon riecht der Atem des Managers nach so viel anderem, dass der scharfe Grundton keinem seiner 40 Kollegen mehr auffällt. „Und als Moderator einer stundenlangen Besprechung wird man ja durstig, da ist ein halber Liter Flüssigkeit in kleinen Zügen aus der Plastikflasche getrunken, doch nicht zu viel."

Robert ist am Morgen aus Stuttgart nach Frankfurt gekommen, im Duty-Free-Shop am Flughafen hat er eine große Wodkaflasche gekauft und ein Drittel ihres Inhalts für das Meeting umgefüllt. Die Menge reicht geradeso für das etwa sechsstündige Meeting. Um seinen Kreislauf vor der Taxifahrt zum Business-Dinner zu stabilisieren, nimmt er noch auf der Bürotoilette einen kräftigen Schluck aus der Reserve, die er in der Laptop-Tasche dabei hat. „Mein nasser Tag", steht als Überschrift über dem Text, in dem Robert seine Erinnerung an den sechsstündigen Drahtseilakt vor aller Augen, an das erste Bier noch vor dem Zähneputzen und den letzten Wodka nach dem Abendessen beschreibt.

Mit den zwei Seiten seiner Lebensgeschichte beginnt seine Therapie in der Fachklinik Tönisstein in Bad Neuenahr. Dort haben sich die Therapeuten darauf spezialisiert, berufstätigen Alkoholikern zu helfen. Acht Wochen dauert die Job-Coaching genannte Schnelltherapie. Manche Patienten nehmen ihren Jahresurlaub dafür und bauen Überstunden ab, damit sie sich am Arbeitsplatz nicht outen müssen. Nur einzelne Kollegen hat Robert, dessen Karriere in einem großen Software-Unternehmen seit acht Jahren scheinbar makellos verlaufen ist, eingeweiht.

Robert ist alles andere als ein Einzelfall unter den Führungskräften, und ihre Zahl an Alkoholabhängigen wächst. Fünf Prozent aller Arbeitnehmer in Deutschland sind nach einer Schätzung der Berufsgenossenschaften alkoholabhängig – jeder Zwanzigste also. Weitere zehn Prozent gelten als stark gefährdet. Die volks- und betriebswirtschaftlichen Folgekosten sind – von den menschlichen Abgründen ganz abgesehen – enorm: Alkoholiker leisten Studien zufolge ein Viertel weniger als ihre Kollegen, sie fehlen 16-mal häufiger und sind 2,5-mal so häufig krank geschrieben. 285 000 verlorene Erwerbstätigkeitsjahre führt das Robert-Koch-Institut, die oberste medizinische Bundesbehörde, auf die höhere Sterberate unter Alkoholikern zurück;

jede sechste Kündigung in Deutschland – schätzen Experten – erfolgt wegen Alkoholmissbrauchs und damit verbundener Auffälligkeiten.

Schon lange vor eventuellen arbeitsrechtlichen Schritten nimmt das Gesetz Führungskräfte und Personalabteilungen in die Führsorgepflicht. Um ihr nachzukommen, haben viele Betriebe in den 80er- und 90er-Jahren interne Präventions- und Hilfsprogramme eingerichtet. Damals hatte sich die Erkenntnis durchgesetzt, dass Alkoholabhängigkeit weder ein Kavaliersdelikt noch eine Charakterschwäche ist, sondern eine behandelbare Krankheit.

Nach dieser Phase des vergleichsweise offenen Umgangs mit dem Thema halten es viele Unternehmen heute aber offenbar wieder für zu heikel, um über ihren Umgang damit zu berichten. Arbeitsmediziner und Krankenkassen ihrerseits haben zuletzt öfter über das „Gehirn-Doping" mit Psychopharmaka debattiert; weiter verbreitet und in manchen Berufen stillschweigend toleriert ist aber nach wie vor der Griff zur Flasche.

„Da wird viel verdrängt und geleugnet", kritisiert Ludwig Rainer vom privaten Institut für Betriebliche Suchtprävention in Berlin die Situation. Seiner Ansicht nach handeln viele Personalverantwortliche zu nachsichtig. „In der Regel sprechen Führungskräfte auffällig gewordene Mitarbeiter viel zu spät an", sagt Ludwig Rainer. Man begnüge sich oft schon damit, Alkohol nur aus Kantinen und Getränkeautomaten zu verbannen, ohne das private Trinkverhalten ihrer Mitarbeiter zu berücksichtigen. Was aber, wenn sich der Abteilungsleiter selbst vor der Konferenz seine Ration Wodka in die Plastikflasche füllt? „Dann ist der Schaden für das Unternehmen natürlich noch viel größer", sagt Rainer. „Aber es wird paradoxerweise noch weniger getan."

Roberts Erfahrungen bestätigen die Einschätzung: Ohne Zweifel sei er mehrmals aufgefallen, aber nie zur Rede gestellt worden. Generell ist es so, dass der Alkohol und sein Missbrauch noch nie an Hierarchiegrenzen Halt gemacht haben. Vermögende Suchtpatienten halten teure Privatkliniken am Leben; von Lehrern, Polizisten und Selbstständigen in ihren Gruppen berichtet auch die Caritas am Frankfurter Römer, deren Klientel einst weniger bürgerlich war.

„Viele von ihnen trinken, weil der Leistungsdruck gestiegen ist", berichtet ein Sozialarbeiter, der dort als Suchthelfer im Einsatz ist.

In anderen Branchen dagegen ist zumindest vordergründig eine Entalkoholisierung zu beobachten. „Möbelpacker oder Bauarbeiter mit der Bierkiste sieht man kaum noch", sagt der Chefarzt der Klinik Tönnisstein. „Aber in vielen Führungsetagen oder auf Empfängen wirkt es geradezu suspekt, wenn jemand keinen Alkohol trinkt." Ohne Nachfrage akzeptiert würden eigentlich nur religiöse Gründe und der Verweis auf die Straßenverkehrsordnung – wem dank seiner Position aber ein Fahrer zur Verfügung stehe, der könne sich auch darauf nicht berufen. Und der Chefarzt führt weiter aus: Suchtgefährdete seien in Berufen, in denen Kontakte besonders zählten, schlicht nicht gut aufgehoben.

Seine Worte klingen wie auf Robert gemünzt, auf dessen Visitenkarte „Head of Department" steht. Jahrelang war der Diplom-Betriebswirt als Einkäufer für seinen Arbeitgeber in Europa, Amerika und Asien unterwegs, führte sein Leben in Hotels, Konferenzräumen und Flugzeugen. „Drei verschiedene Länder je Woche waren es mindestens", schätzt er. Und stets seien die besten Geschäfte nachts an der Bar gemacht worden. „Das ist wie im Privatleben. Wer einen Kontakt anbahnen oder vertiefen will, tut das beim Wein oder Cocktail. Nicht bei Kaffee und Kuchen."

Wer da ohne Kontrollverlust mithalten kann, profitiert von dieser Praxis sogar in barer Münze. Eine Gehaltsdifferenz von fünf bis zehn Prozent brutto zwischen moderaten Trinkern und Nichttrinkern mit demselben Bildungsstand haben zwei Berliner Soziologen in einer Untersuchung für Deutschland ermittelt: Wer in Maßen Wein und Cocktails trinkt, verdient im Durchschnitt mehr. „Engere soziale und berufliche Netzwerke dürften die Ursache dafür sein", sagen sie; vergleichbare statistische Zusammenhänge zwischen Karriere und Trinkverhalten seien auch in anderen Ländern festgestellt worden. Die beiden Soziologen warnen nachdrücklich vor vorschnellen Schlüssen: Man verdiene nicht zwangsläufig mehr, weil man hin und wieder Rotwein trinke; vielmehr entwickeln sich manche Menschen erst mit einem überdurchschnittlichen Gehalt zu maßvollen Weintrinkern.

Auch in der Klinik Tönnisstein reagieren die Therapeuten allergisch, wenn Patienten behaupten, sie hätten auf Betriebsfeiern und Dienstfeiern keine andere Wahl als das Mittrinken gehabt, seien von ihrer Karriere in die Abhängigkeit getrieben worden. Der Unterschied, auf dem die Therapeuten bestehen, ist fein, aber entscheidend: In vielen Berufen gebe es zwar eine ständige Versuchung, nirgends aber einen wirklichen Zwang zum Trinken. „Man wird nicht durch den Geschäftsabschluss in der Bar Alkoholiker, sondern man macht den Abschluss in der Bar als Teil eines Konsummusters", präzisiert der Chefarzt die Wechselwirkungen von Privat- und Berufsleben.

Mit deren Analyse beginnt das „Job-Coaching" in Bad Neuenahr, ehe Instrumente zum Stress- und Zeitmanagement eingeübt werden und die Patienten sich auf ihre Rückkehr in den Berufsalltag vorbereiten. „Denn dort", sagt der Chefarzt, „wartet auf sie die größte Herausforderung."

Robert stellt sich seiner „größten Herausforderung" nun seit mehreren Wochen. Zwei der elf mit ihm entlassenen Patienten seien rückfällig geworden, berichtet er. Er selbst nicht. „Ich muss aber noch lernen, abends nicht mehr in meine E-Mails zu schauen", sagt er. Denn zur Sucht habe es für ihn auch gehört, sich hinter der Arbeit zu verstecken; die Suche nach einer Balance von Beruf und Privatleben komme ihm manchmal schwieriger vor als die Abstinenz. Selbst das in seinem Büro im Rheinland an Weiberfastnacht schon vormittags frisch gezapfte Bier habe ihn jetzt nicht mehr ernsthaft angelockt.

Fassen wir zusammen: Alkohol hat ein Doppelgesicht. Das Gläschen Wein als i-Tüpfelchen zu einem guten Essen oder das Glas Sekt, mit dem sich stilvoll auf einen erfolgreichen Geschäftsabschluss anstoßen lässt, ist Teil unserer Lebenskultur und für viele Menschen unbedenklich.

Für eine nicht unbeträchtliche Minderheit aber, nämlich über zehn Prozent – bei Führungskräften ist diese Zahl in den letzten Jahren sogar noch deutlich angestiegen – ist Alkohol jedoch ein gesundheitliches Risiko.

Wie Abhängigkeit entsteht

Weshalb es bei dem einen Menschen zu einer Abhängigkeit kommt, beim anderen jedoch nicht, ist wissenschaftlich noch nicht ganz geklärt. Gesichert aber ist, dass verschiedene Faktoren eine Abhängigkeit von der Droge Alkohol begünstigen:

❶ *Das Suchtmittel:* Die Attraktivität eines Suchtstoffs hängt eng mit seinen Wirkungen zusammen, die der Konsument als äußerst positiv erlebt. Alkohol hat bei mäßigem Genuss eine euphorsierende, angenehme Wirkung – das macht ihn so beliebt.

❷ *Die Umwelt:* Die Einstellung des sozialen Umfelds zum Suchtmittelkonsum ist ganz wesentlich. So werden Kindern und Jugendlichen in der Familie, in der Schule, in Sportvereinen und am Arbeitsplatz Wertvorstellungen vermittelt, die auch den Umgang mit Alkohol betreffen. Alkohol ist eine legale Droge, und der Konsum von Alkohol ist in unserer Gesellschaft entsprechend akzeptiert – bei anderen Rausch- und Suchtmitteln gerät ein Konsument schneller mit dem Gesetz in Konflikt. Außerdem kann man Alkohol leicht erwerben: Alkohol ist einfach verfügbar, im Supermarkt ebenso wie in Tankstellen.

❸ *Der individuelle Mensch:* Jeder Mensch entwickelt in Kindheit und Jugend seine eigenen Problemlösungsstrategien und ist somit in Krisen besser oder schlechter bewappnet. Vor allem mangelndes Selbstbewusstsein ist ein Faktor, der Alkoholmissbrauch begünstigen und zu einer Abhängigkeit führen kann. Wissenschaftlich belegt ist auch, dass gut 50 Prozent genetische und biochemische Faktoren zur Entwicklung der Abhängigkeit beitragen.

Diese Faktoren werden oft als sich gegenseitig beeinflussendes Sucht-Dreieck dargestellt. Aus ihnen kann sich bei entsprechender Konstellation eine Abhängigkeit entwickeln.

Die Alkoholkrankheit kann jeden treffen – der Übergang vom Genuss zum Missbrauch und zur Entstehung einer Abhängigkeit ist fließend.

Die Ursachen des Alkoholismus sind wissenschaftlich noch nicht endgültig geklärt. Es handelt sich um ein komplexes Geschehen mit einer Mischung aus organischen und psychischen Störungen. Die Weltgesundheitsorganisation (WHO) kennt eine ganze Reihe verschiedener Definitionen von Alkoholismus, von denen jede für den Laien jedoch eher verwirrend als erhellend ist.

Eine praxistaugliche und allgemein verständliche Erklärung, die sich als Richtschnur bereits bestens bewährt hat, lautet: Wer durch sein Trinken ernsthafte Schwierigkeiten mit der Gesundheit, mit seiner Familie bzw. dem Partner / der Partnerin und im Beruf bekommt, ist sehr wahrscheinlich Alkoholikerin / Alkoholiker und sollte professionelle Ersthilfe suchen.

„Spiritus contra spiritum" – Geist gegen Weingeist

„*Gott ist nicht so, wie man meint, ihn zu kennen. Gott ist nicht da, wo man ihn sucht. Gott sieht nicht so aus, wie man ihn sich vorstellt. Gott ist nicht in den Wolken. Maria Magdalena hielt ihn für einen Gärtner, die Jünger für einen Geist und Petrus für einen Fischereiexperten. Und ich armer Tropf suchte ihn in Dogmen und Ergebnissen logischer Schlussfolgerungen, während er sich in Wirklichkeit ruhig und freundlich bei den Kranken aufhielt ...*
In den Meetings spreche ich nie von Gott. Es ist nicht nötig, er ist da, als lenkende und verbindende Kraft."

Pater Aimé Duval, Chansonnier und Jesuit, von seinen AA-Freunden Lucien genannt

„Gott ist da" – als „lenkende und verbindende" Kraft in der AA-Gruppe –, eine schöne und zugleich hilfreiche Deutung, Erfahrung und Einladung an alle, die vom Alkohol loskommen wollen, aber keiner Religionsgemeinschaft angehören, mit Gott bisher wenig oder gar nichts anfangen konnten, und ein Brückenschlag zur Spiritualität des AA-Genesungsprogramms unter dem Dach mit der Aufschrift „Spiritus contra spiritum" – Geist gegen Weingeist.

Das obige Zitat ist der offen und radikal erzählten Lebensgeschichte Pater Duvals entnommen, aufgezeichnet in seinem Buch „Warum war die Nacht so lang – Wie ich vom Alkohol loskam". Aimé Duval sang von Liebe und Hoffnung, träumte den Traum von einer glücklichen und gerechten Welt. Seine Chansons schenkten Millionen Menschen neuen Lebensmut. Er sang vom Glauben an Jesus, doch in ihm selbst blieb es dunkel.

Trost suchte der Chansonnier und Jesuitenpater im Alkohol. Schonungslos erzählt er in seinem Buch, wie er immer mehr hineinglitt in die Hölle des Trinkens und wie sich seine Seele in dieser schmerzlichen und todbringenden Krankheit allmählich verfinsterte. Er beschreibt aber auch in seinem Mutmach-Buch den Weg, der wieder emporführte, schmerzhaft und beglückend. Wie er durch Kapitulation vor dem Alkohol über ihn siegte, indem er loskam von dieser lebensbedrohenden Droge, weil er bei den Anonymen Alkoholikern Menschen fand, die ihn aufnahmen, die ihm halfen, sich selbst zu helfen.

Sieg durch Kapitulation

*„Der Mensch hat drei Wege, klug zu handeln:
Erstens durch Nachdenken: Das ist der edelste.
Zweitens durch Nachahmung: Das ist der leichteste.
Drittens durch Erfahrung: Das ist der bitterste."*
Konfuzius

Nach sehr bitteren Erfahrungen ist der erste Schritt aus dem Labyrinth der Abhängigkeit von der lebensbedrohenden Droge Alkohol, vom ständigen Versteckspiel, vom Selbstbetrug und Betrug anderer nur möglich, wenn der Alkoholkranke kapituliert, indem er sich eingesteht, dass er dem Alkohol gegenüber machtlos ist.

Manfred, langjähriges Mitglied bei den AA und seit über drei Jahrzehnten genesener Alkoholiker, gebraucht für diese Machtlosigkeit dem Alkohol gegenüber ein sehr aussagekräftiges Bild und sagt: „Da ich alkoholkrank bin, bin ich gegen den Alkohol machtlos, wenn ich trinke, und habe nicht die geringste Chance. Es ist so, als ob ich in den Boxring steigen und gegen den amtierenden Weltmeister im Schwergewicht antreten würde. Ich hätte nicht die geringste Chance, und es wäre nur eine Frage der Zeit, wie lange mein Gegner mit mir spielt, bis ich k. o. gehen oder gar tot aus dem Ring getragen würde. Bevor ich AA kennenlernen durfte, bin ich leider immer wieder in diesen Boxring gestiegen – um im Bild zu bleiben. Ich hatte eben noch nicht kapituliert, soff und soff und soff, weil ich in meiner nassen Zeit meine Ohnmacht dem Alkohol gegenüber weder erkannte noch wahrhaben wollte."

„Ich kann nicht mehr, ich will mit dem Trinken aufhören, denn ich habe keine Kontrolle über den vermeintlichen ‚Freund' Alkohol, der weder Trostbringer noch Problemlöser, aber ein heimtückischer Reiseführer in den Tod ist" – so oder ähnlich kann die Kapitulationserklärung lauten. Den ersten Schritt aus dem Elend muss der Betroffene selbst machen.

Sieg durch Kapitulation

Meistens fällt die existenzielle Entscheidung zur Kapitulation an einem Tiefpunkt im Leben. Dieser Tiefpunkt ist individuell verschieden. Da lässt eine Trinkerin dann von der Flasche, wenn der Mann mit Rausschmiss und Scheidung droht oder sich das Jugendamt wegen der Kinder einschaltet. Ein anderer Trinker hat seinen Tiefpunkt erst, wenn er durch das Trinken alles verloren hat und schließlich auf der Straße gelandet ist. Bei anderen wiederum ist der Tiefpunkt und die damit verbundene Umkehr früher erreicht. Wenn sie oder er spürt, dass die berufliche Position ins Wanken gerät, oder wenn der kleine Sohn sagt: „Papa, du stinkst!"

Im *ersten Schritt* des Zwölf-Schritte-Programms der AA heißt es entsprechend im amerikanischen Originaltext: „We admitted we were powerless over alcohol – that our lifes had become unmanageable." Im deutschen Programm lautet dieser erste Schritt übersetzt und gut interpretiert: „Wir gaben zu, dass wir dem Alkohol gegenüber machtlos sind und unser Leben nicht mehr meistern konnten."

Deshalb sprechen die AA von der Kapitulation des Alkoholikers. Bill, Begründer der Anonymen Alkoholiker, schrieb entsprechend in seinem Kommentar zum ersten Schritt: „Wir erkennen, dass wir nur durch eine völlige Niederlage unsere ersten Schritte auf dem Weg zur Befreiung und Stärke tun können. Das Eingeständnis unserer eigenen Machtlosigkeit wird schließlich zum Fundament, auf dem ein zufriedenes und sinnvolles Leben aufgebaut werden kann."

Diese Kapitulation ist bedingungslos. Es macht deshalb keinen Sinn, den Griff zur Flasche nur aufzugeben, „wenn meine Frau und Kinder bei mir bleiben", oder „wenn ich nicht aus der Firma fliege".

Es geht zunächst ausschließlich um den Betroffenen und um sonst nichts. Was nach Niederlage klingt, ist in Wahrheit ein Sieg, der erste Sieg über den Alkohol. Der Betroffene steht zu seiner Krankheit, er akzeptiert sie und weiß jetzt, dass er im Kampf gegen den Alkohol chancenlos ist. Jetzt muss er nicht mehr kämpfen, denn durch die Kapitulation wird der Tiefpunkt in seinem Leben zu einem Wendepunkt.

Er ist jetzt nicht mehr der unfreie Sklave des Alkohols, sondern gewinnt Freiheit, die Freiheit vom Alkohol, denn das Zugeben der Machtlosigkeit gegenüber dem Alkohol und der eigenen Realität mit ihren Begrenzungen öffnet den Weg zur Freiheit. Dazu schreibt Professor Dr. med. Lothar Schmidt in seinem Buch „Fahrschule des Lebens":

- „Ich muss nicht mehr sorgen, dass mich die Leute für groß ansehen, denn ich bin nicht groß.
- Ich muss nicht mehr sorgen, imponierende Bilder von mir zu entwerfen, ich kann so sein, wie ich bin.
- Ich muss nicht mehr Angst haben, dass mich die Leute nicht wichtig nehmen, denn ich weiß, ich bin wichtig, aber nicht die / der Wichtigste.
- Ich muss nicht mehr Angst haben, dass mich die Leute für einen Versager halten, denn ich weiß, dass zum Leben auch das Versagen gehört.
- Ich muss mich nicht mehr vor anderen verbergen, denn ich habe nichts zu verbergen.
- Ich muss nicht mehr so empfindlich sein, denn ich bin nicht mehr so leicht verletzbar.
- Ich muss nicht mehr so misstrauisch sein, denn ich kann wieder Vertrauen schenken, weil man mir auch wieder Vertrauen schenkt.
- Ich muss nicht mehr, muss nicht mehr, muss nicht mehr ..."

So können die frei werdenden Energien für bessere Dinge eingesetzt werden und einmal mehr wird deutlich, dass die Kapitulation vor dem Alkohol der erste Sieg ist auf dem Weg in ein neues Leben.

Der schmerzhafte Weg des Scheiterns kann so für den Alkoholiker zu einer besonderen Chance werden, denn es geht für alle Menschen um die Antwort auf die Frage, auf welches Ziel wir unser Leben orientieren.

Brief an den Alkohol
von einem AA-Freund des Autors

Auf die in Briefen übliche Anrede „Lieber" verzichte ich in Deinem Fall, denn Du bist nicht lieb – im Gegenteil. Du bist ein Teufel im Engelskostüm, ein falscher Freund, der sich als guter Wegbegleiter präsentiert hat. Du hast Dich in mein Leben geschlichen und Dich „beinahe" unentbehrlich gemacht.

Was hast Du mir alles versprochen: Entspannung, Fröhlichkeit, Gesprächigkeit, Zwanglosigkeit, Trost, Mut, Stärke, Männlichkeit und noch viel mehr.

Obwohl ich irgendwann gespürt habe, dass Du ein schlechter Ratgeber bist, habe ich weiter auf Dich gehört und Dich in den Mittelpunkt meines Lebens gestellt. Ich habe so viel Zeit mit Dir verbracht, dass ich praktisch keine anderen Interessen mehr hatte. Du hast mir meine Identität und meine Selbstachtung geraubt. Du hast mich betäubt und mir alles genommen, was mir wirklich etwas im Leben bedeutet. Du hast meine ganze Familie in Mitleidenschaft gezogen und nicht die geringste Rücksicht genommen. Du hast in mir Angst, Einsamkeit, Ohnmacht, Schuldgefühle und völlige Niedergeschlagenheit ausgelöst.

Manchmal hast Du mich glauben lassen, alles im Griff zu haben. Dabei hatte ich längst den Bezug zur Realität verloren. Ich habe die Nacht zum Tag und den Tag zur Nacht gemacht. Ich bin weggelaufen, anstatt zu diskutieren, weil ich immer Angst davor hatte, mich in eine Lage zu bringen, in der ich verletzt werden könnte. Und wenn sich Frust eingestellt hat, dann hast Du mir geholfen, ihn wegzuspülen.

Ich konnte mir einfach nicht eingestehen, dass Du meine Wahrnehmung und mein Verhalten manipulierst und nach Deinen Vorstellungen verändert hast. Ich habe viele meiner Träume und Wünsche Deinetwegen begraben müssen. Einige Male habe ich versucht, mich aus Deiner Umklammerung zu lösen, und meine Gefühle waren geprägt von Hoffnung und Zuversicht. Dass ich meine Vorsätze und Versprechen, mich von Dir abzuwenden, nicht einhalten konnte, habe ich als großes Versagen empfunden.

Aber jetzt habe ich über Dich gesiegt und lasse mich von Dir nicht mehr länger zum Narren halten. Mein Wunsch nach Veränderung ist stärker als Du. Man lebt nur einmal, und das war's. Und an dieser Erfahrung will ich positiv teilhaben.

Mit meinem Sieg über Dich habe ich ein neues Leben begonnen: Ich will jeden Tag das erste Glas Deines tödlichen Gifts stehen lassen, meine Ziele und Prioritäten realistisch festlegen und konsequent daran arbeiten, sie wirklich zu erreichen.

P. S.: Ich habe Dir mit diesem Brief eine Menge Schuld in die Schuhe geschoben, aber genau genommen gibt es niemanden weit und breit, den ich letztlich für meine Situation verantwortlich machen kann, außer mich selbst.

Brief an ahnungslose Ärzte
von einem Arzt und Suchtexperten

Häufig ist es für den Weg eines Alkoholikers ausschlaggebend, dass ein Arzt mit ihm gesprochen hat, der etwas von der Problematik des Alkoholismus versteht. Leider ist es aber so, dass wir Ärzte in unserer Ausbildung viel zu wenig über Alkoholismus erfahren und nicht wenige von uns dann in der ärztlichen Praxis gravierende Fehler machen.

So erzählte mir ein Patient, dass ihm sein Hausarzt Folgendes riet: „Nachdem Sie jetzt acht Jahre trocken sind, Ihre Leberwerte optimal sind, kann Ihnen das eine oder andere Gläschen in Maßen getrunken nicht schaden." Unglaublich, aber leider wahr. Mein Patient sagte ihm sinngemäß: „Ich danke dem Himmel, dass ich regelmäßig in die Meetings der Anonymen Alkoholiker gehe, denn dort habe ich gelernt, dass auch ein genesener Alkoholiker nicht kontrolliert trinken kann. Würde ich also auf Ihren Rat hören, würde ich die Hölle noch einmal erleben und womöglich ein weiteres Mal nicht überleben. Sie haben von Alkoholabhängigkeit offenbar keinen blassen Schimmer!"

Ähnliches geschieht leider auch in manchen „Notaufnahmen" der Kliniken, wo man den trostlosen, abstoßenden und oft Ekel erregenden Zustand eines völlig Betrunkenen nicht auch als einen Hilferuf erkennt. Es wird in solchen Fällen nicht selten das Argument ins Feld geführt, dass der Betrunkene und hochgradig Vergiftete überhaupt nicht ansprechbar und erreichbar sei. Mit vielen anderen, die auf diesem Gebiet arbeiten, habe ich jedoch die Erfahrung gemacht, dass der Betrunkene erreichbar ist. Es kommt aber auf die Art an, wie man ihm begegnet und zu ihm spricht. Es erfordert eine innere Einstellung, die – trotz des häufig abstoßenden Zustands – dem anderen echte Nähe vermittelt.

Es ist wichtig, dass der Nachtdienstarzt vielleicht am frühen Morgen von der Nachtschwester gerufen wird, wenn der in der Nacht eingelieferte und in der Ausnüchterungszelle „Besoffene" gerade zu sich kommt und aufwacht. Hier kann eine entscheidende Begegnung stattfinden. Hier können Weichen gestellt werden auch für die Angehörigen, die – wenn immer nur möglich – in einer solchen Situation herbeigerufen werden sollten. Und wenn man dafür die Polizei einsetzt, im Streifenwagen die Angehörigen abholt. In solchen Augenblicken kann die „Impfung", wie ich es nenne, gesetzt werden. Es können Hinweise auf die Selbsthilfegruppen wie die der Anonymen Alkoholiker und entsprechenden Behandlungsstätten gegeben werden. Die „Impfung" muss nicht sofort wirken. Manche der Betroffenen brauchen dann noch eine längere Zeit. Aber die „Impfung" muss sitzen. Entscheidend ist auch, dass man die Angehörigen erreicht hat und sie vielleicht bewegen konnte, von sich aus zu den Angehörigengruppen zu gehen. Dort lernen sie dann eine andere Haltung und Einstellung, die ebenfalls den noch trinkenden Partner zu einer Haltungsänderung zwingen werden.

Eine sehr sorgfältige klinische Studie hat gezeigt, wie ausschlaggebend die Motivation der Ärzte in einer Krankenhausaufnahmestation dafür ist, ob Alkoholiker frühzeitig erkannt werden und in die entsprechende Behandlung kommen. Amtsärzte machen nur sehr ungern von der Möglichkeit der Zwangseinweisung von Alkoholikern Gebrauch, und Kliniken in den psychiatrischen Krankenhäusern behalten Zwangseingewiesene meist nur wenige Tage. Sie wollen diesen Menschen „ersparen", dass ihnen ein „Stempel" aufgedrückt wird! Der Leidensweg wird aber durch diese vermeintliche „Nachsicht" nachweislich länger. Es ist nur zu verständlich, dass der Gesetzgeber alles getan hat, dass viele Alkoholkranke früher aufgewacht wären und sich ihrer Situation hätten klar werden können, wenn in einem intensiven, das gesamte Umfeld mit einbeziehenden Vorgehen alle Fluchtwege für den Alkoholiker und die Co-Alkoholiker hätten abgeschnitten werden können.

Der Alkoholismus hat zwei Aspekte. Auf der einen Seite sind es die durch eine chronische Vergiftung hervorgerufenen Schäden im gesamten Organismus; die durch den Äthylalkohol hervorgerufenen Ausfälle im zentralen Nervensystem und den Sinnesorganen führen dann zu Wahrnehmungs- und Auffassungsstörungen und Veränderungen der Psyche des Trinkenden. Solange der Alkoholiker noch Alkohol zu sich nimmt, kann er weder in einer frühen noch in einer fortgeschrittenen Phase eine vernünftige Entscheidung treffen. Er wird dies nur tun, wenn er seinen Tiefpunkt erreicht hat. Das Umfeld – und da sind wir Ärzte besonders aufgerufen – kann zu diesem Tiefpunkt beitragen, wenn dem noch aktiv Trinkenden die Fluchtwege abgeschnitten werden. Es darf nicht mehr von den Lippen eines Arztes kommen: „Schränken Sie Ihren Alkoholkonsum ein, trinken Sie keine scharfen Sachen, ein oder zwei Gläschen können Ihnen nicht schaden, Ihre Leberwerte sind wieder normal" usw.

Sich nicht einmischen, sich heraushalten, bedeutet, auf die verzweifelten Hilferufe aus dem unmittelbaren Umfeld nicht zu reagieren, oft, weil die Fähigkeit, sich einer solchen Situation und Herausforderung zu stellen, fehlt. Unterlassene Hilfeleistung dort, wo es um Leben geht, aber nicht nur allein um das Leben eines Menschen, sondern oft um viele. Wo es aber auch um die Art geht, wie ich mit dem Leben als Arzt umgehe – verantwortungslos oder verantwortungsfähig.

Ich darf abschließend die simple Regel des katholischen Geistlichen Joseph C. Martin in Erinnerung rufen: „Wenn Alkohol Probleme macht, ist Alkohol das Problem!" Dies bedeutet ganz einfach lebenslange Abstinenz.

Wiedergeburt – die Lebenskraft ins Lot bringen

„*Es muss das Herz bei jedem Lebensruf*
Bereit zum Abschied sein und Neubeginn,
Um sich in Tapferkeit und ohne Trauern
In andere, neue Bindungen zu geben.
Und jedem Anfang wohnt ein Zauber inne,
der uns beschützt und der uns hilft, zu leben.
Wir sollen heiter Raum um Raum durchschreiten,
An keinem wie an einer Heimat hängen ..."
Hermann Hesse

Wir kennen das Bild: Wenn gesagt wird, dass sich jemand oder etwas wie ein Phönix aus der Asche erhebe oder daraus aufsteige, dann wird durch dieses Bild ausgedrückt, dass nach scheinbarer Vernichtung, nach völligem Zusammenbruch eine kaum erwartete Wiedererstehung oder neue Belebung stattgefunden hat. Der Phönix war ein Fabelwesen der Antike. Die Ägypter verehrten ihn als Verkörperung des Sonnengottes; bei den Griechen war er Sinnbild des Lebens, das nach dem Tod neu entsteht. Nach der römischen Sage verbrennt sich der Phönix in gewissen Abständen immer wieder selbst und steigt dann aus der Asche wieder auf.

Das Sinnbild der Erneuerung ist eine geeignete Metapher für diesen Abschnitt. Sind unsere Lebenskrisen nicht auch Feuerproben, ja Scheiterhaufen, aus denen wir uns immer wieder aufs Neue auf den Flügeln der Hoffnung mit frischer Lebenskraft erheben? Ich darf an dieser Stelle allen in ausweglos erscheinenden Situationen mit der Lebensgeschichte eines Sportlers Mut machen, eines Menschen, der mir aus vielen persönlichen Gründen sehr nahe steht und dem ich auf seinem Weg weiterhin alles Gute wünsche!

Wie Phönix aus der Asche – um in diesem Bild zu bleiben – hat sich Andreas Niedrig erhoben, der zum Inbegriff von Lebenskraft, Seelenstärke und der Kraft des Willens wurde. Noch vor einigen Jahren ein hoffnungsloser Alkoholiker und Junkie, ist Andreas heute ein Weltklasse-Triathlet, der sportliche Höchstleistungen liefert, Alkohol, Drogenhandel und Beschaffungskriminalität hinter sich gelassen hat. Ein toller Sportler und Mutmacher für viele Betroffene und ihre Angehörigen, der heute in seiner wieder gewonnenen Freiheit von einer ungeahnten Qualität des Lebens spricht, der in seinen Vorträgen in Schulen und bei seinen sonstigen Auftritten sagt, dass Alkoholismus und Drogenabhängigkeit kein unabänderliches Schicksal sind und es für jede / jeden eine Chance gibt, den Weg aus dem Labyrinth der Sucht zu finden.

Horst Zocker schreibt in seinem lesenswerten Buch „Anonyme Alkoholiker": „Wer überleben will, muss kapitulieren, zunächst vor der Flasche, dann aber auch vor seiner bisherigen Lebenskonzeption. Wer trocken bleiben möchte, wird sein Leben von Grund auf ändern müssen." Alkoholiker, so sagt man, müssen noch einmal „leben lernen" und eine Phase der Nachreifung durchmachen.

Alexander Hoffmann schreibt dazu in seinem Buch „Endlich frei von Alkohol": „Betrachten Sie den Weg in die Trockenheit als eine aufregende schöne Reise. Erleben Sie an sich selbst, wie Sie nach und nach in eine neue Rolle schlüpfen, wie das Suchtmittel Alkohol seine Bedeutung für Sie verliert. Das hinterlässt zunächst ein Loch, das Sie mit neuen Inhalten ausfüllen müssen und können. Anfangs sagen Sie sich noch voller Selbstmitleid ‚Ich darf nicht mehr trinken'. Später einmal, wenn Sie auf dem Weg zur Nüchternheit ein Stück vorangekommen sind, sagen Sie sich voller Erleichterung: ‚Ich muss nicht mehr trinken'. Halten Sie sich an die vielen Menschen in den Selbsthilfegruppen, die ihre Trockenheit regelrecht genießen."

Wer den Weg aus dem Labyrinth der Sucht geschafft hat, der / dem winkt die Chance auf „ein Leben, das besser ist als gut", wie es der amerikanische Arzt Dr. Joseph A. Pursch ausdrückt, früher Leiter einer Alkoholrehabilitation in Long Beach / Kalifornien. Er setzt auf die Genesung des Alkoholikers, was weit mehr ist als bloße körperliche Trockenheit. Dr. Joseph A. Pursch: „Genesung heißt umsteigen von Pillen und Drinks auf Menschen und Gefühle. Es ist ein Prozess, der zwei bis drei Jahre dauert. Nach erfolgreicher Behandlung ... braucht der genesende Alkoholiker weder Alkohol noch andere bewusstseinsverändernde Stoffe.

Er wird ehrlich sich selbst gegenüber und ändert seinen Lebensstil, was ebenfalls den Stress in seinem Leben mindert. In diesem Sinne zwingt die Genesung den Alkoholiker, ein ethisch bewussterer und gesünderer Mensch zu werden, als er es gewesen wäre, hätte er den Alkoholismus nicht. Das heißt es, wenn ich sage: Er lebt besser als gut."

Erfahrung, Kraft und Hoffnung teilen

„Die Grundleistung der Anonymen Alkoholiker geht meines Erachtens weit über das von der Gemeinschaft gesetzte Ziel hinaus, trocken zu bleiben, d. h. mit dem Trinken aufzuhören. Die Gesprächsgemeinschaften der AA erreichen durch ihre im Grunde sensationelle Art, zur Auflösung der Sucht das Miteinanderreden zu verwenden, also wie die Psychoanalyse eine ‚Redekur' zur Behebung seelischer Störungen einzusetzen, viel mehr: nämlich die Entwicklung – um nicht zu sagen ‚Stiftung' – der menschlichen Beziehung. Mir ist dieser therapeutische Erfolg deutlich geworden an Menschen, die längere Zeit in den AA-Gruppen waren ...

Die Leistungen der AA für den Bereich der Medizin sind inzwischen nobelpreiswürdig: Wahrscheinlich hat keine andere einzelne Institution so vielen Menschen das Leben gerettet und so viel echte Lebensqualität geschaffen ...

‚Die Gruppe kann mehr als der Einzelne' – in Wissenschaft und Alltag vielfach belegt, begründet dies den Erfolg dieser Selbsthilfebewegung. Diese Aussage, dass die Gruppe mehr könne als der Einzelne, hatte der Gründer des Psychodramas, Moreno, wohl im Sinn, als er sagte: ‚Käme der liebe Gott noch einmal auf die Erde, käme er als Gruppe'."

Prof. Dr. med. Michael Lukas Moeller

> ### AA, die größte Selbsthilfegruppe der Welt
>
> Mit mehr als zwei Millionen Mitgliedern in 185 Ländern sind die AA die größte Selbsthilfegruppe der Welt. Vor 75 Jahren trafen sich ihre Gründerväter, der Chirurg Bob und der Börsenmakler Bill in Akron, US-Bundesstaat Ohio. Es war das Ende ihrer Sucht und der Beginn einer ungewöhnlichen Erfolgsgeschichte, die Millionen Menschen vom Dämon Alkohol befreien sollte.
>
> Bob und Bill, die hoffnungslosen Säufer, machten eine faszinierende Entdeckung: Indem sie miteinander sprachen, jeder über sich, spürten sie eine Kraft und Hoffnung, die sie das erste Glas Alkohol von diesem Zeitpunkt an stehen ließen. Und dann das nächste und nächste und nächste ...
>
> Das fürsorgliche Miteinander, das Verständnis aufgrund eigenen Leidens, die Hoffnung, durch die Kraft der Gruppe aus der Krankheit herauszufinden, hat die AA zur letzten Hoffnung all jener gemacht, die von der Gesellschaft längst aufgegeben wurden.

Die AA, die 1935 von Bill und Dr. Bob gegründete Selbsthilfebewegung und erfolgreichste Selbsthilfegemeinschaft der Welt, duldet weder Hierarchie noch Anwesenheitspflicht oder Spenden von Dritten.

Über zwei Millionen Anonyme Alkoholiker treffen sich heute weltweit regelmäßig, um Erfahrung, Kraft und Hoffnung miteinander zu teilen und so den Weg aus der Alkoholabhängigkeit zu finden und in Nüchternheit zu einem verantwortungsbewussten, selbst bestimmten und zufriedenem Leben zu gelangen. Ihre Erfahrung geben sie weiter an andere Alkoholiker, die noch leiden.

Als Alexandra bei ihrem ersten Treffen bei den AA sagte: „Ich heiße Alexandra, bin Alkoholikerin", wirkte dies auf sie wie eine langersehnte Befreiung. Endlich hatte sie Menschen gefunden, die dieselben Erfahrungen wie sie gemacht hatten, sie als eine der ihren akzeptierten und wussten, wie man aus dem

Teufelskreis der Alkoholabhängigkeit herauskommt. „Sie wollten nichts von mir und wussten doch alles", sagt sie heute in der Rückschau.

Vor zehn Jahren kam die 50-Jährige über Mundpropaganda zu den AA. Sie war am Ende, lag am Boden, ihr Körper ein Wrack, ihre Seele ein Trümmerhaufen. „Ich hätte alles getan, um an die nächste Flasche zu kommen", sagt sie. „Als ich das endlich kapierte, bekam ich kalte Füße. Ich musste was tun." Heute ist Alexandra „absolut trocken" und hat inneren Frieden gefunden. Die AA, davon ist sie überzeugt, haben sie nicht nur verändert und sie durch Hilfe zur Selbsthilfe von der Sucht befreit, sondern ihr das Leben gerettet.

Michaela kann sich noch genau an ihr „erstes Glas" erinnern. Sie war gerade mal 15, ein schüchterner, einsamer Teenager. Als sie spürte, dass „Freund" Alkohol ihr „vorgaukelte stark zu sein", dazuzugehören und „die ganzen negativen Gefühle plötzlich weg waren", trank sie wieder und wieder. Das totale Verlangen nach dem nächsten Schluck war für sie schon nach kurzer Zeit wie ein „Radar, der mich immer wieder zum Glas hinführte. Immer mehr entglitt mir das Leben aus den Händen."

Hildegard ist seit 20 Jahren trocken. Mit 56 Jahren kam die Verkäuferin zu den AA. Sie war eine Extremtrinkerin, die zwar nicht jeden Tag ihren Alkoholpegel brauchte, aber wenn sie trank, gab es kein Halten mehr. Ihr Mann musste sie an Wochenenden häufig irgendwo auflesen, weil sie sich bis zur Besinnungslosigkeit hatte „volllaufen lassen". Der Alkohol hatte bereits ihren Großvater und Vater ins Grab gebracht. Auch für die zweifache Mutter war es nur noch eine Frage der Zeit. „Ein Alkoholiker muss erst seinen Tiefpunkt finden", weiß sie heute. „Bis man sich bewusst wird, dass man Trinker ist, dauert es Jahre, oft Jahrzehnte."

Vor 20 Jahren war der Leidensdruck so groß, die „Seele kaputt getrunken und in der Gosse", dass sie sich regelrecht zu den AA schleppte. „Sie haben mein Leben gerettet", sagt sie ohne falsches Pathos. Die Mitglieder seien geschwisterlich zueinander, und sie gebe an die Neuen weiter, was sie selbst an Gutem erfahren habe . „Allein wäre ich aus dieser Hölle nicht herausgekommen."

Die einzelnen AA-Gruppen, die sich in der Regel wöchentlich treffen, agieren völlig unabhängig voneinander. Es gibt keine Organisationsstrukturen, kein Leitungsgremium, keine Spenden von Dritten oder Werbung. Allerdings berichten die AA in Krankenhäusern, Betrieben, Haftanstalten oder Schulen über ihre Erfahrungen.

Oberstes Prinzip ist dabei immer die Anonymität, zu der sich jedes Mitglied – zum eigenen Schutz – verpflichtet. Jede / jeder, die / der vom Alkohol loskommen will, ist willkommen, kann sich aussprechen, von den Erfahrungen anderer profitieren. Das Hauptziel besteht darin, nüchtern zu werden und nüchtern zu bleiben.

AA in Deutschland

In Deutschland wurde die erste AA-Gruppe 1953 in München gegründet. Heute gibt es nahezu 3000 Gruppen mit nahezu 50 000 Mitgliedern. Da die Gemeinschaft keine Statistik führt, gibt es nur Schätzungen. Mehr als 50 Prozent der Zugehörigen sind 40 Jahre und älter. Nur 0,08 Prozent sind unter 21. Jugendliche Komasäufer finden nur selten den Weg in die AA-Meetings. Eine typische Trinkerkarriere beginnt zwar in der Pubertät, die Folgen machen sich aber erst mit 25, 30 oder 35 Jahren bemerkbar. Der Verzicht auf Alkohol findet in der Regel erst dann statt, wenn er zu schweren Schäden führt. Das dauert eine gewisse Zeit. Bis ein alkoholkranker Mensch Hilfe sucht, ist er in der Regel jenseits der 40 /50 Jahre.

Das bestätigt auch Michaela (siehe oben). Sie ist Mitglied der einzigen AA-Junge-Leute-Gruppe – Durchschnittsalter 20 bis 40 Jahre. „Die Krankheit bringt es mit sich, dass der Punkt, an dem der Alkoholiker die Waffen streckt und sagt, es geht nicht weiter, tendenziell später in der Biografie liegt."

Unter Jugendlichen kommt das Komasaufen immer mehr in Mode. Nach Angaben der Deutschen Hauptstelle für Suchtgefahren (DHS) mussten 2008 rund 25 700 Kinder und Jugendliche ins Krankenhaus eingeliefert werden – eine Steigerung um das Dreifache gegenüber dem Jahr 2000. „Je mehr und je früher jemand trinkt, umso riskanter ist es", betont DHS-Sprecherin Christa Merfert-Diete. Vor allem Jugendliche, deren Wachstumsprozess noch nicht abgeschlossen sei, würden bei täglichem Alkoholkonsum in kürzester Zeit abhängig. „Viele Jugendliche suchen in der Pubertät das Risiko und sind besonders gefährdet, akoholabhängig zu werden". Von rund 1,3 Millionen Alkoholikern in Deutschland sind schätzungsweise 130 000 Jugendliche und junge Erwachsene unter 27 (Näheres dazu im Kapitel „Wenn Kinder und Jugendliche trinken" Seite 85 ff.).

Es ist ein steiniger Weg, bis ein Alkoholiker sich selbst und anderen gegenüber eingestehen kann, alkoholkrank zu sein. Der Prozess vom fröhlichen Umtrunk bis zur krankhaften Abhängigkeit verläuft fließend. Auch lassen sich die meisten nicht wegen ihrer Alkoholabhängigkeit behandeln, sondern wegen Folgeerscheinungen wie Bluthochdruck, Lebererkrankungen oder akuten Vergiftungen.

Michaela sieht keinen anderen Weg, als den Alkoholismus in einer Gemeinschaft zu bekämpfen. Schätzungen zufolge schaffen es weniger als 5 Prozent der Alkoholiker, dauerhaft trocken zu bleiben. Bei den AA liegt die Erfolgsquote unter denen, die ihr Leben lang an den Meetings teilnehmen, bei über 50 Prozent. „Wer dabei bleibt, kommt mit einer sehr hohen Wahrscheinlichkeit zur Trockenheit", sagt Michaela.

Das „Blaue Buch", das erstmals 1939 in den USA erschien und seitdem in Millionenauflagen verbreitet wurde, ist die Bibel der AA. Neben der Lebensgeschichte von Gründervater Bill enthält das „Blaue Buch" ein Zwölf-Schritte-Programm. Mit seiner Hilfe kann ein Trinker seine Krankheit erkennen, akzeptieren und – nachdem er trocken ist – anderen helfen, damit auch sie ihr Alkoholproblem lösen können. Für AA ist es vollkommen unmöglich, gelegentlich mal zum Glas zu greifen. Einmal Alkoholiker, immer Alkoholiker. Nur lebenslange Abstinenz führt zum Ziel.

Zwölf Schritte – Zwölf Traditionen

„*Ich war in der Nacht, als die zwölf Schritte der AA geschrieben wurden alles andere als spirituell gestimmt, ich war traurig und durch und durch müde. Ich lag in der Clinton Street 182 im Bett, mit dem Stift in der Hand und mit einem Schmierblock auf den Knien. Ich konnte mich nicht auf die Arbeit konzentrieren und noch weniger mit dem Herzen dabei sein. Aber hier war etwas, was getan werden musste. Schließlich begann ich zu schreiben. Ich plante, mehr als sechs Schritte zu entwerfen, wie viel mehr, wusste ich nicht. Ich entspannte mich und bat um Führung. Trotz meiner widersprüchlichen Gefühle fertigte ich mit einer erstaunlichen Geschwindigkeit den ersten Entwurf an. Es dauerte etwa eine halbe Stunde. Die Worte strömten nur so heraus. Am Schluss zählte ich die neuen Schritte. Es waren zwölf. Irgendwie erschien mir diese Zahl bedeutungsvoll. Ohne besonderen Grund brachte ich sie mit den zwölf Aposteln in Zusammenhang. Ich fühlte mich sehr erleichtert und las den Entwurf noch einmal durch.*"
Bill

Die *Zwölf Schritte* der AA lauten:

1. Wir gaben zu, dass wir dem Alkohol gegenüber machtlos sind – und unser Leben nicht mehr meistern konnten.
2. Wir kamen zu dem Glauben, dass eine Macht, größer als wir selbst, uns unsere geistige Gesundheit wiedergeben kann.
3. Wir fassten den Entschluss, unseren Willen und unser Leben der Sorge Gottes – wie wir ihn verstanden – anzuvertrauen.
4. Wir machten eine gründliche und furchtlose Inventur in unserem Inneren.
5. Wir gaben Gott, uns selbst und einem anderen Menschen gegenüber unverhüllt unsere Fehler zu.
6. Wir waren völlig bereit, all diese Charakterfehler von Gott beseitigen zu lassen.

7. Demütig baten wir Ihn, unsere Mängel von uns zu nehmen.
8. Wir machten eine Liste aller Personen, denen wir Schaden zugefügt hatten, und wurden willig, ihn bei allen wieder gutzumachen.
9. Wir machten bei diesen Menschen alles wieder gut – wo immer es möglich war –, es sei denn, wir hätten dadurch sie oder andere verletzt.
10. Wir setzten die Inventur bei uns fort, und wenn wir Unrecht hatten, gaben wir es sofort zu.
11. Wir suchten durch Gebet und Besinnung die bewusste Verbindung zu Gott – wie wir ihn verstanden – zu verbessern. Wir baten Ihn nur, uns Seinen Willen erkennen zu lassen und uns die Kraft zu geben, ihn auszuführen.
12. Nachdem wir durch diese Schritte ein spirituelles Erwachen erlebt hatten, versuchten wir, diese Botschaft an Alkoholiker weiterzugeben und unser tägliches Leben nach diesen Grundsätzen auszurichten.

Da Prof. Dr. med. Lothar Schmidt in seinem Buch „Fahrschule des Lebens" die *Zwölf Schritte* der AA sehr schön interpretiert und ausführlich kommentiert und dabei auch Bezug nimmt auf die amerikanischen Originaltexte, habe ich im Folgenden meine Erläuterungen zu den *Zwölf Schritten* in Kurzform gehalten, um so dem Kapitel über Alkoholismus als Familienkrankheit und dem Kapitel „Wenn Kinder und Jugendliche trinken" mehr Raum geben zu können.

Im *Ersten Schritt* gesteht der Alkoholiker seine Machtlosigkeit, seine persönliche Ohnmacht gegenüber dem Alkohol ein. Er wird motiviert, Hilfe zu suchen und anzunehmen. Der Satz spricht direkt seinen falschen Stolz an. Horst Zocker beschreibt die Kapitulation so: „Kapitulation. Alles ist plötzlich ganz einfach. Alle Fragen reduzieren sich auf eine Alternative: leben oder verrecken. Kein Warum mehr. Keine Ausrede, keine Beschönigungen. Wenn ich weitertrinke, habe ich keine Chance." Es ist dieses „Ich kann nicht mehr" – die Einsicht der Machtlosigkeit „als eine die Existenz bis auf den Grund erschütternde Erfahrung zu erleben, sich eingestehen zu müssen, dass man tatsächlich mit seinem Leben gescheitert ist – körperlich, seelisch, geistig, sozial. Da stirbt etwas. Aber wer überleben will, muss kapitulieren, bedingungslos." Walter H. Lechler bezeichnet die Kapitulation als „eine Form des Abschiednehmens, des Sterbens, die Aufgabe einer Existenz, um in eine neue überzugehen".

Diese tiefe Bewusstseinsveränderung, verbunden mit einer neuen Lebenseinstellung, wird von vielen Abhängigen, nicht nur Alkoholikern, als ein „Bekehrungserlebnis" bezeichnet, das den ganzen Menschen erfasst. Erstaunlicherweise ist dieses Erlebnis, die Erkenntnis des absoluten Scheiterns mit einer ungeheuren Erleichterung verbunden, wie viele AA berichten.

Voraussetzung für die totale Lebenswende ist jedoch ein Tiefpunkt; die tiefe Hoffnungslosigkeit, die einen Ich-Zusammenbruch hervorruft. Was aber ist der Tiefpunkt? Wie sieht der jeweils persönliche Tiefpunkt aus? Er wird heute nicht so rigide am Ausmaß der äußeren Verwahrlosung gemessen. Gemeint ist ein innerer Zustand, er bezieht sich auf die „Seelenlandschaft", bezeichnet nicht immer den konkreten sozialen Abstieg. Horst Zocker berichtet: „Viele AA wissen schauerliche Geschichten zu erzählen von Verbrechen, Unfällen, Wahnvorstellungen und Selbstmordversuchen, von schockierenden Erlebnissen in Gefängnissen und Irrenhäusern, in Bordellen und Spelunken, die ihnen am Ende die Augen öffneten, dass es so nicht weitergehe. Das irritiert manche, die verborgen in ihren vier Wänden getrunken haben, Frauen vor allem. ‚Ich habe immer gedacht, ich müsse erst in die Gosse, um aufhören zu können', sagt Hildegard aus Berlin, ‚bis ich merkte, dass ich die Gosse längst in mir habe'."

Der *Zweite Schritt* zeigt dem Alkoholiker, wie er im Glauben an eine „Höhere Macht" seine geistige Gesundheit wiedererlangen kann. Die Begriffe „Höhere Macht", Gott und Glaube werden synonym gebraucht. Die „Höhere Macht" ist nicht identisch mit unserer Auffassung von Religion und Religionen, ist weder eine philosophische noch eine theologische oder religiöse Frage.

Die AA verstehen ihre „Höhere Macht" nicht als eine gefürchtete strafende Instanz, sondern als eine liebevolle Macht, die Hoffnung, Kraft und Wärme vermittelt – ein Gefühl der Geborgenheit in dieser Welt. Aufgabe des einzelnen Menschen ist es, diese Macht „außerhalb von mir für mich" zu sehen.

Mit dem *Dritten Schritt* ist der Alkoholiker bereit, sich der Sorge Gottes, wie er ihn versteht, anzuvertrauen. „Gott, wie wir ihn verstehen" – diese Formulierung der AA ist nicht gleichzusetzen mit einem bestimmten Gottesbegriff oder einer bestimmten Religion. In den Meetings treffen sich Christen, Freidenker, Atheisten.

Jeder hat seine individuelle Vorstellung von „Höherer Macht", sie ist an keinen bestimmten Glauben gebunden. Trotzdem kann Gott für den Alkoholiker, der Hilfe bei AA sucht, sowie für den teilnehmenden Beobachter, der AA verstehen möchte, nicht im Tabubereich verschwinden. Bill meint: „Wenn es das Hauptziel ist, dir zu helfen, dass du diese Macht findest, die größer ist als du selbst und die dir hilft, dein Problem zu lösen, dann bedeutet das natürlich, über Gott zu sprechen."

Der *Vierte Schritt* drückt die AA-Erfahrung aus, dass zur Erlangung und Erhaltung der Nüchternheit ein Selbsterkenntnisprozess erforderlich ist – er erfolgt in der Gruppe und wird von ihr mitgetragen. Die Lebensgeschichten der anderen bieten dem neuen Mitglied die Möglichkeit zur Identifikation und damit zur Selbsterkenntnis und Selbstbeurteilung. Der Alkoholiker sieht und erkennt sich im Spiegel des anderen – Selbsterkenntnis durch Fremderkenntnis –, und er lernt, dass er nur frei werden kann, wenn er sich aufrichtig bemüht, die eigenen Fehler zu erkennen und dagegen etwas zu tun.

Im *Fünften Schritt* wird das bekennende Gespräch empfohlen. Bill und Bob hatten dies in ihrem ersten offenen Gespräch wie eine Offenbarung erfahren, und immer wieder erleben AA im bekennenden Gespräch eine befreiende und erlösende Wirkung. AA sehen im Zugeben der eigenen Fehler und Unzulänglichkeiten eine Voraussetzung für entsprechendes Handeln.

Die *Schritte Sechs* und *Sieben* erwarten vom Alkoholiker den guten Vorsatz, ein vorbehaltloses Vertrauen auf die „Höhere Macht" und eine völlige Bereitschaft zur Besserung. Die persönlichen Fehler und Schwächen sollen in Demut angegangen werden. Demut bedeutet nicht Unterwürfigkeit, sondern das Anerkennen der eigenen Grenzen und damit der Realität der eigenen Mängel.

Die *Schritte Acht* und *Neun* sind die Schritte der Wiedergutmachung; sie empfehlen eine Neuordnung der mitmenschlichen Beziehungen. Der Alkoholiker macht eine innere Inventur und versucht einzugestehen, welchen Schaden seine Mitmenschen durch ihn erlitten haben. Er darf seine Schuldgefühle nicht verdrängen, er muss sie mithilfe der Gruppe aufarbeiten.

Dort hat er gelernt, sich selbst wieder anzunehmen, hat erkannt, dass Nächstenliebe Selbstliebe – was nichts mit Egoismus zu tun hat – voraussetzt, und ist dadurch fähig geworden, auch die anderen, denen er die Schuld für sein Versagen jahrelang in verbissenem Hass zugeschoben hatte, mit ihren ganzen Fehlern und Unzulänglichkeiten anzunehmen. Er lernt und begreift konkret, was Demut ist, und auch die wenig geübte Fähigkeit des Verzeihens, eine Fähigkeit, die nicht als Schwäche ausgelegt wird. Viele neue Mitglieder haben manchmal Probleme damit, die Reihenfolge der Schritte einzuhalten. Sie möchten möglichst rasch ihre Schuldgefühle beseitigen und die Beziehungen zu ihren Familien und Partnern verbessern. In den Gruppen wird davon abgeraten. Der Alkoholiker hat fast immer seine Glaubwürdigkeit verloren, seine Angehörigen und Freunde begegnen ihm mit viel berechtigtem Misstrauen. Erfahrene AA empfehlen ihm, zunächst einmal durch fortgesetzte Abstinenz das Klima zu verbessern. Er ist demnach mit jedem Tag, den er alkoholfrei verbringt, im Sinne des Neunten Schrittes tätig.

Der *Zehnte Schritt* zeigt die Notwendigkeit einer kontinuierlichen Bestandsaufnahme auf. Es werden „die Sofort-Kontrolle" bei bestimmten gespannten Situationen und die so genannte „Etappenkontrolle" – oder auch die „Tagesinventur" – nahe gelegt. Hierbei werden die Ereignisse der letzten Stunden, des letzten Tages, der Woche erinnert und reflektiert. Misserfolge sollen den Alkoholiker nicht entmutigen, sondern zu neuen Bemühungen anspornen. Die Gruppe hilft ihm mit Erfahrung, Kraft und Hoffnung.

Der *Elfte Schritt* trägt der Tatsache Rechnung, dass eine Trockenheit, bei der nur verkrampft darauf geachtet wird, keinen Alkohol zu trinken, nicht zufriedenstellend ist und keine andauernde Nüchternheit gewährleistet. Der

Alkoholiker soll seine neue Lebenseinstellung spirituell durchdringen. AA empfehlen ihm dazu „Gebet und Besinnung". Viele AA haben Schwierigkeiten mit dem Gebet, doch ernsthafte Besinnung ist auch eine Form des Gebets.

Wenn der Alkoholiker am *Zwölften Schritt* angekommen ist, ein spirituelles Erwachen erlebt hat und kontinuierlich an seiner Veränderung und Entwicklung gearbeitet hat, ist er schon ein gutes Stück seines neuen Wegs gegangen. Viele AA empfinden Dankbarkeit und fühlen sich aufgerufen, die Botschaft weiterzutragen, dem noch leidenden Alkoholiker zu helfen.

Wir sehen also einmal mehr: Bei diesem Zwölf-Schritte-Programm handelt es sich nicht um theoretische Lehrsätze, sondern um gelebte Erfahrung.

Die *Zwölf Traditionen* sind die Regeln für die Mindestorganisation des Zusammenlebens in den Gruppen und für das Verhältnis zur Außenwelt. Sie machen AA als Gemeinschaft lebensfähig. Die Anleitungen, die keine Anordnungen sein sollen, versuchen eine Balance zu finden zwischen dem größtmöglichen Freiheitsspielraum für jeden Einzelnen und jede einzelne Gruppe sowie einem Höchstmaß an Einigkeit untereinander und im Umgang mit der Außenwelt. Herbert, AA-„Urgestein", bringt es exakt auf den Punkt, wenn er diesen Freiheitsspielraum so deutet: „Bei AA darfst du alles, am besten du lässt es!"
Bill sah nicht nur in den Zwölf Schritten, sondern auch in den Zwölf Traditionen Hilfen zur Selbsterziehung und Lebensbereicherung. Er nannte sie „Übungen in Bescheidenheit, die unser tägliches Leben bestimmen können und uns vor uns selbst schützen". Einen zentralen Stellenwert nimmt die Einigkeit in der Gruppe ein, das Ziel zu erkennen, Erfahrung, Kraft und Hoffnung zu teilen, um das gemeinsame Problem zu lösen und anderen zur Genesung zu verhelfen. Nach AA ist diese Einigkeit in der Gruppe eine Voraussetzung für die Genesung des Einzelnen. Es darf jedoch auf das Denken und Handeln des Einzelnen kein Zwang ausgeübt werden. Als einzige Autorität wird die „Höhere Macht" anerkannt, andere hierarchische Strukturen werden abgelehnt. Jede Gruppe ist unabhängig und selbstständig bei der Bewältigung der eigenen Angelegenheiten.

AA sind der Auffassung, dass die Gemeinschaft durch freiwilliges und ehrenamtliches Engagement am besten funktioniert. Für die Helferin / den Helfer ist das Dienen am Nächsten eine ungeschriebene Pflicht und eine Selbsthilfe zugleich. Die Erfüllung der übernommenen Aufgaben erfordert vom Einzelnen viel Zeit. Dazu sagt ein AA-Mitglied: „Ohne AA wäre ich nicht mehr am Leben, und so finde ich es völlig in Ordnung, dass ein Drittel meiner Zeit für den Beruf draufgeht, ein Drittel für die Familie und ein Drittel für AA."

Die Selbsthilfegemeinschaft weist jede finanzielle Unterstützung von Dritten zurück. Sie erhält sich aus eigenen Spenden, aus den Buchverkäufen und aus dem Ertrag der Sammeldose, die bei jedem Meeting umgeht und zu der jeder freiwillig und nach eigenem Ermessen einen Beitrag leistet.

AA nimmt niemals Stellung zu öffentlichen Streitfragen, hält sich aus allen medizinischen Fachdiskussionen, politischen Erörterungen und religiösen Auseinandersetzungen heraus, sieht die strikte Neutralität als ein Gebot der Selbsterhaltung und des Überlebens. Unterschiedliche Auffassungen der Mitglieder könnten die Gemeinschaft in Fraktionen spalten. Der Anschluss an einen Wohlfahrtsverband oder an eine öffentliche Einrichtung wird ebenfalls abgelehnt. In den AA-Informationen heißt es:

„Die AA-Gruppen, die als Gesamtheit die Gemeinschaft AA bilden, sind in sich völlig selbstständig. Alkoholiker helfen sich und anderen ‚trocken' zu werden und zu bleiben. Durch eigene Spenden tragen sie auch die entstehenden Kosten. AA-Gruppen, wie die Gemeinschaft als Ganzes, sollten von außen kommende Unterstützung ablehnen, da selbst wohlgemeinte Spenden abhängig machen können.

Die Gemeinschaft der Anonymen Alkoholiker bewahrt ihre Unabhängigkeit und Einigkeit weiterhin, indem sie sich nicht mit Institutionen und Personen verbindet oder sich zu den Streitfragen unserer Zeit äußert. Die Anonymen Alkoholiker stellen ihr gemeinsames Problem, ihre Abhängigkeit vom Alkohol, in den Mittelpunkt all ihrer Bemühungen um Genesung vom Alkoholismus. Wäre es anders, hätte sich die Gemeinschaft AA nicht weltweit ausbreiten können."

Die *Zwölf Traditionen* lauten:

1. Unser gemeinsames Wohlergehen sollte an erster Stelle stehen; die Genesung des Einzelnen beruht auf der Einigkeit der Anonymen Alkoholiker.
2. Für den Sinn und Zweck unserer Gruppe gibt es nur eine höchste Autorität – einen liebenden Gott, wie er sich in dem Gewissen unserer Gruppe zu erkennen gibt. Unsere Vertrauensleute sind nur betraute Diener; sie herrschen nicht.
3. Die einzige Voraussetzung für die AA-Zugehörigkeit ist der Wunsch, mit dem Trinken aufzuhören.
4. Jede Gruppe sollte selbstständig sein, außer in Dingen, die andere Gruppen oder die Gemeinschaft der AA als Ganzes angehen.
5. Die Haupt-Aufgabe jeder Gruppe ist, unsere AA-Botschaft zu Alkoholikern zu bringen, die noch leiden.
6. Eine AA-Gruppe sollte niemals irgendein außenstehendes Unternehmen unterstützen, finanzieren oder mit dem AA-Namen decken, damit uns nicht Geld-, Besitz- und Prestigeprobleme von unserem eigentlichen Zweck ablenken.
7. Eine AA-Gruppe sollte sich selbst erhalten und von außen kommende Unterstützung ablehnen.
8. Die Tätigkeit bei den Anonymen Alkoholikern sollte immer ehrenamtlich bleiben, jedoch dürfen unsere zentralen Dienststellen Angestellte beschäftigen.
9. Anonyme Alkoholiker sollten niemals organisiert werden. Jedoch dürfen wir Dienst-Ausschüsse und -Komitees bilden, die denjenigen verantwortlich sind, welchen sie dienen.
10. Anonyme Alkoholiker nehmen niemals Stellung zu Fragen außerhalb ihrer Gemeinschaft; deshalb sollte auch der AA-Name niemals in öffentliche Streitfragen verwickelt werden.

11. Unsere Beziehungen zur Öffentlichkeit stützen sich mehr auf Anziehung als auf Werbung. Deshalb sollten wir auch gegenüber Presse, Rundfunk, Film und Fernsehen stets unsere persönliche Anonymität wahren.

12. Anonymität ist die spirituelle Grundlage aller unserer Traditionen, die uns immer daran erinnern soll, Prinzipien über Personen zu stellen.

Die Anonymität hat für die Gemeinschaft der AA einen hohen Stellenwert. Sie ist in der *Zwölften Tradition* verankert und wird als ein Akt der Demut betrachtet. Der Alkoholiker unterwirft sich als Person den Prinzipien der Gemeinschaft. Anonymität erleichtert dem neuen Mitglied den Zugang zum Meeting, verhindert aber auch innerhalb der Gruppe das Aufkommen von Rang- und Klassenunterschieden, schützt die Gemeinschaft vor Macht- und Prestige-Ambitionen.

In den AA-Informationen für die Öffentlichkeit heißt es: „Jeder, der sich an AA mit der Bitte um Hilfe wendet, muss sicher sein, dass seine Identität und sein Problem in AA bleiben. Deswegen sprechen sich die Mitglieder mit Vornamen an und interessieren sich nicht für die Stellung des anderen im öffentlichen Leben. Es gibt weder Akten noch Mitgliederdateien.

Durch die Wahrung der Anonymität des Einzelnen in der Öffentlichkeit, besonders vor den Medien, soll und kann sich kein AA auf Kosten der Gemeinschaft profilieren, persönliche Anerkennung und Einfluss suchen. Diese Zurückhaltung bedeutet Einordnung in die Gemeinschaft der Anonymen Alkoholiker, die nur als Ganzes bestehen kann.

Die Gemeinschaft der AA ihrerseits stellt keine Personen oder Persönlichkeiten, die nach ihrem Programm leben, in den Vordergrund. Sie bewahrt sich damit ihre Unabhängigkeit vom Schicksal Einzelner.

Anonymität im Umgang mit der Öffentlichkeit schützt den Einzelnen und die Gemeinschaft vor unerwünschter Popularität.

Durch die Anonymität werden die hierarchischen Strukturen der Umwelt außer Kraft gesetzt. Die Alkoholiker sind gleich in ihrer Krankheit. In der Gruppe zählt nur die Aussage, nicht die Person."

Die Spiritualität der Einfachheit als lenkende Kraft

„Was Spiritualität sei, darüber streiten sich die Geister noch heftiger als darüber, was Alkoholismus ist. Für mich ist es das Erlebnis eines ganzheitlichen Lebens geworden, wie ich es bei AA zum ersten Mal erfahren habe: die Einheit von Gedanken und Gefühlen, Wissen und Träumen, Festigkeit und Offenheit. Ich lerne ein eigenverantwortliches Leben im offenen Austausch mit anderen zu führen, eine Individualität zu wahren, die nicht im Gemeinschaftskult versinkt wie einst im Suff. – Dieses Leben hat für mich Sinn und Wert."
Horst Zocker in seinem Buch „Anonyme Alkoholiker – Selbsthilfe gegen die Sucht"

Die AA sehen Alkoholismus als eine Erkrankung, die nur durch eine tiefere, geistige Erfahrung, eine Art religiöses Erweckungs-, Bekehrungs- und Umkehrerlebnis überwunden werden kann. Sie berufen sich auf C. G. Jung, der drei Möglichkeiten sieht, die den Menschen zu einem höheren Verständnis weisen und ihn über die Grenzen des reinen Rationalismus hinausführen können:

- der Akt der Gnade oder
- der persönliche und aufrichtige Kontakt mit Freunden oder
- die höhere Ausbildung des Geistes.

Das Prinzip des Bösen, das in der Welt vorherrscht, kann nur überwunden werden durch wirkliche geistige Erkenntnis oder den „Schutzwall einer menschlichen Gemeinschaft", wie Carl Gustav Jung es ausdrückt. Ein Mensch, der isoliert ist, kann der Macht des Bösen nicht widerstehen.

In seinem Brief vom 30.01.1961 an Bill verkürzt C. G. Jung seine Gedanken auf die Formel *Spiritus contra spiritum*. „Sehen Sie", schreibt Jung an Bill, „Alkohol heißt auf Lateinisch *spiritus*, und man verwendet das gleiche Wort für die höchste religiöse Erfahrung wie auch für das verderblichste Gift. Die hilfreiche Formel ist daher: ‚Spiritus contra spiritum.'" Alle drei von Jung aufgezeigten Wege finden sich im Programm bei AA. Sie bitten um die gnädige Hilfe einer „Höheren Macht", finden die persönlichen und aufrichtigen Freunde in der

Gruppe und erfahren eine höhere Ausbildung des Geistes durch ihr Leben nach den *Zwölf Schritten*.

Die AA haben erfahren, dass weder das Annehmen moralischer Vorschriften noch das Aneignen einer besseren Lebenseinstellung oder das Bemühen um persönliche Willensstärkung ausreichen, um sich aus der Alkoholabhängigkeit zu befreien. Die Lösung der Anonymen Alkoholiker besteht nicht darin, die persönliche Macht durch Stärkung des Willens zu verdoppeln oder zu vervielfachen. Aus persönlicher Erfahrung wissen sie, dass dieser Weg für sie in die Irre führt. Bill beschreibt das Phänomen so:

„Würde ein moralisches Gesetz oder eine bessere Lebensphilosophie genügen, um mit dem Alkoholismus fertig zu werden, wären viele von uns schon vor langer Zeit gesund geworden. Doch wir wissen, dass solche Gesetze oder Philosophien uns nicht helfen konnten, so sehr wir uns auch bemühten. Wir konnten uns wünschen, moralisch einwandfrei zu sein, wir konnten uns wünschen, in der Philosophie Trost zu finden, wir konnten das sogar mit aller Macht wollen – doch die dazu notwendige Kraft hatten wir nicht. Unsere menschlichen Fähigkeiten, die vom Willen beherrscht wurden, reichte nicht aus, sie setzten schließlich ganz aus."

Für AA liegt die geistige Erfahrung darin, sich einer Macht hingeben zu können, die außerhalb des Ichs liegt; zu erkennen, dass es etwas gibt, das mächtiger ist als das Ich. „Wir mussten eine Macht finden, mit deren Hilfe wir leben konnten. Und dies musste eine Macht sein, die größer ist als wir selbst", schreibt Bill.

Das geistige Erwachen bewirkt eine tiefgreifende Bewusstseinsveränderung. Sie wird manchmal in Form eines plötzlichen dramatischen Durchbruchs erlebt, häufiger jedoch in Form eines kontinuierlichen, langsam verlaufenden Prozesses. Die Kapitulation des Alkoholikers, das Eingestehen seiner persönlichen Ohnmacht, das Anerkennen der „Höheren Macht" setzt eine neue Kraft frei – er muss nicht mehr gegen die Sucht ankämpfen, er kann loslassen, er ist auf eine unvermutete Kraftquelle gestoßen. Diese Kraft stellt das Wesen der geistigen Erfahrung dar.

Die Spiritualität der Einfachheit als lenkende Kraft

Wie Bill das AA-Programm sieht

Hinter der Einfachheit und Schlichtheit des Programms verbirgt sich eine anspruchsvolle Kombination von Ansätzen. Es enthält Grundelemente der psychotherapeutischen Schulen und Gedankengut aller großen Religionen – und es ist weder unverbindlich noch dogmatisch. Bill drückt es 1939 in einem Vortrag vor Fachärzten in New York so aus: „Die AA verfolgen ausschließlich ein Ziel – ihren Hauptzweck –, anderen Alkoholikern zur Nüchternheit zu verhelfen. Dabei möchten wir von allem Anfang an doch klar stellen, dass AA ein synthetischer Begriff ist, eine künstliche Zusammenfassung gewissermaßen aus den Hilfsquellen der Medizin, der Psychiatrie, der Religion und aus unserer ureigenen Erfahrung mit dem Trinken und in der Genesung davon. Sie werden vergeblich nach einer einzigen neuen Grundwahrheit suchen. Wir haben nur alte erprobte Grundsätze der Psychiatrie und der Religion solcherart neu- und umgestaltet, dass der Alkoholiker diese akzeptieren kann. Und dann haben wir eine Gesellschaft eigener Prägung damit geschaffen, in der er mit Begeisterung gerade diese Grundsätze an sich selbst und bei anderen Leidenden in Anwendung bringen kann. Sodann haben wir versucht, nach besten Kräften aus unserem eigenen großen Vorteil Kapital zu schlagen. Dieser Vorteil ist unsere persönliche Erfahrung als Trinker, der genesen ist."

Das Reich der geistigen Erfahrung ist nicht abgesteckt, der Raum kennt keine Grenzen. Eine höhere geistige Macht, eine individuelle Erfahrung, mein persönliches spirituelles Erleben, Gott, wie ich ihn verstehe, ist unabhängig von jeder Religionszugehörigkeit, schließt jede persönliche Vorstellung ein. Agnostiker und Atheisten sind nicht ausgeschlossen – „es kommt nur darauf an, dass du an eine Macht glaubst, die dich überragt", sagt Bill.

Hier wird einmal mehr darauf hingewiesen, dass das spirituelle Programm nicht aus einer Theorie, sondern aus der praktischen Lebenserfahrung und -auseinandersetzung vieler Alkoholiker entstanden ist, dass es eine Anleitung zur konstruktiven Erfüllung des persönlichen Lebens enthält und eine praktische Anwendung in den jeweils alltäglichen Lebenssituationen erfahren sollte.

Rückfall - was tun?

„Nach zehn Jahren Trockenheit machte ich einen Skiurlaub zum Jahreswechsel. Die Vorfreude darauf war groß, denn ich war vor meiner Trinkerei ein recht guter und begeisterter Skifahrer. Am Silvesterabend erinnerte ich mich plötzlich wieder an das, was mir mein neuer Hausarzt vor einiger Zeit gesagt hatte, aber für mich zu einer Katastrophe werden sollte! Er sagte: ‚Nach so langer Abstinenz kann Ihnen ein Gläschen nicht schaden.' Nach sehr schmerzhafter Erfahrung weiß ich heute, dass die Auffassung vom kontrollierten Trinken eines genesenen Alkoholikers ein übles Märchen mit katastrophalem Ausgang ist. – Ich trank an jenem Silvesterabend wieder, natürlich weitaus mehr als nur ‚ein Gläschen'. Danach war ich einen Monat lang abstinent, um dann während der Karnevalszeit erneut zuzuschlagen. Dann legte ich eine weitere Trinkpause ein, aber im Sommer häuften sich die Abstürze. Mir wurde zwar mehr und mehr klar, dass ich mit dem ersten Glas an jenem Silvesterabend einen Schalter in meinem Kopf umgelegt hatte, aber ich war jetzt gegenüber dem Alkohol völlig machtlos wie in meiner früheren nassen Zeit. Immer häufiger lag ich sinnlos betrunken im Bett, und Trinkpausen waren mir nicht mehr möglich. Ziemlich genau ein Jahr nach dem ersten Glas an jenem Silvesterabend musste ich in die Klinik zur Entgiftung. So endete mein Ausflug in das ‚kontrollierte Trinken'. – Inzwischen geht es mir wieder gut, ich gehe jetzt regelmäßig in Meetings von AA. Dort habe ich gelernt, wie man sich am besten vor einem Rückfall schützen kann."
Bekenntnis eines AA-Freundes

Alkoholverlangen und Suchtgedächtnis

Die Zahl der Rückfälle ist bei Alkoholabhängigen auch nach dem Abklingen der körperlichen Entzugssymptome mit ca. 85 Prozent sehr hoch, wenn der Entgiftung *keine therapeutische Intervention* folgt, wie sie nach dem klinischen

Aufenthalt und einer Kur mit therapeutischer Betreuung im Anschluss daran Selbsthilfegruppen wie die AA in hervorragender Weise leisten.

Ein entscheidender Prozess, der das Alkoholverlangen unbewusst stimulieren und zum Rückfall führen kann, ist die Konfrontation mit Reizen, die eng mit dem früheren Alkoholkonsum verbunden sind. In diesem Zusammenhang sind auf Alkohol bezogene Werbebilder für Alkoholabhängige eine große Gefahrenquelle, die bisher unterschätzt wurde – Werbebilder für Alkohol, die im Fernsehen wie auch in Plakatform allgegenwärtig sind und die Aufmerksamkeit Alkoholkranker auf sich ziehen können. Das ist jetzt auch wissenschaftlich belegt, denn mithilfe bildgebender Verfahren können moderne Hirnforscher zusehen, was sich in unserem Gehirn abspielt.

In mehreren Studien wurden abstinente alkoholabhängige Patienten und gesunde Kontrollpersonen mittels funktioneller Magnetresonanztomografie (MRT) während Reiz-Reaktions-Paradigmen mit alkoholbezogenen Stimuli inklusive Werbebildern untersucht.

Die Ergebnisse verweisen auf eine veränderte Aktivierung im Gehirn und dort im so genannten Belohnungs- und Aufmerksamkeitssystem alkoholabhängiger Patienten, die mit dem Verlangen nach Alkohol und einem entsprechenden Rückfallrisiko verbunden war. Dies werten Wissenschaftler der Klinik für Psychiatrie und Psychotherapie der Charité Berlin in ihrer umfassenden Studie „Was können Werbebilder im Gehirn alkoholabhängiger Patienten auslösen? MRT-Studien zur Verarbeitung alkohol-assoziierter Reize" im Ergebnis als eindeutigen Hinweis auf eine b*esondere Gefährdung von Alkoholabhängigen durch Alkoholwerbung*. Die Berliner Wissenschaftler empfehlen deshalb Einschränkungen bzw. Reglements für die Alkoholwerbung ähnlich denen für Zigarettenwerbung.

Trockene Alkoholiker, die einen Rückfall erlitten haben, berichten von entsprechenden Bildern, durch die ihr *Suchtgedächtnis* reaktiviert wurde.

Rückfälle beginnen generell im Kopf, oft lange vor dem eigentlichen Griff zum ersten Glas. Im Folgenden zwei Beispiele, die die Reaktivierung des *Suchtgedächtnisses* veranschaulichen:

„Bei mir waren es gedankliche Spielereien", sagt Heinz, „zum Beispiel in der Art, dass ich mir ausmalte, wie ich den Tag nach einem möglichen Rückfall, den ich natürlich nicht wollte, gestalten würde. Ich stellte mir vor, gut auszuschlafen, mittags zu essen und ein – besser zwei Biere – zu trinken. Ich habe dann noch wochenlang nicht getrunken, aber die Lunte war gezündet, der Absturz irgendwie im Gehirn programmiert, und ich soff erneut bis zur Besinnungslosigkeit, denn bei den ein/zwei Bieren blieb es natürlich nicht."

Ein anderer Abgestürzter berichtet: „Ich kam beruflich in ein wunderschönes Hotel. Als kleine Aufmerksamkeit hatte die Hoteldirektion mir zwei eisgekühlte Flaschen Bier ins Zimmer gestellt. Ich habe die Flaschen längere Zeit angestarrt – und dann nicht weggeschüttet, sondern weggestellt. Damit, das wurde mir erst im Nachhinein klar, hatte ich den Dialog mit dem Alkohol wieder eröffnet. An diesem Tag trank ich nichts, doch dafür schlug ich am nächsten Tag zu."

So viel zu Bildern, gedanklichen Spielereien und bestimmten Situationen, die unbewusst das Alkoholverlangen stimulieren und Rückfälle auslösen können. Zusammengefasst lässt sich sagen: Alkoholiker, die bereits seit Jahren abstinent leben, reaktivieren in bestimmten Schlüsselsituationen ihr altes, nämlich süchtiges Verhalten, das längst vergessen geglaubt war.

Eugen, der regelmäßig AA-Meetings besucht, schützt sich z. B. gegen einen Rückfall deshalb so: „Ich bin seit Jahren glücklich abstinent. Doch ich wage nicht, mir die Sportschau am Samstag im Fernsehen anzuschauen, denn früher habe ich während dieser Sendung immer eine große Sauferei begonnen, die dann andertags oft im Koma endete." Ein anderer AA-Freund, der während einer Reise mit seiner Familie schon ein Hotel für die Übernachtung gewählt hatte, entschied sich dafür, ein anderes zu suchen: „Ich glaubte plötzlich wie früher, ich müsste Alkohol erreichbar haben, am besten von einer Tankstelle in der Nähe des Hotels. Ich war sehr erleichtert, als ich ein Hotel draußen am See fand." Es liegt auf der Hand, und die Forschung bestätigt es: Früher Erlerntes und Eingeübtes wird ins Langzeitgedächtnis übernommen. Der Psychiater Prof. Dr. Jobst Böning sieht dies so: „Offenbar ist etwas im

Gedächtnis gespeichert, das jederzeit wieder abrufbar ist ... es ist bemerkenswert, dass im Gegensatz zu vielen alltäglichen Gedächtnisbildungen, die auch die ‚Gnade des Vergessens' kennen, dieses suchttypische Gedächtnisprogramm offenbar nicht ohne weiteres so schnell ins Vergessen entlassen werden kann."

Der Rückfall – eine unumkehrbare Katastrophe?

Bei einigen abstinenten Alkoholikern gilt der Rückfall immer noch als das Undenkbare, als die Katastrophe und damit als Tabu. Die Ärzte verzweifeln, manche Therapeuten fühlen sich sogar persönlich beleidigt, für die Angehörigen ist es ein Schock, vom Betroffenen ganz zu schweigen. Da hat es jemand nicht geschafft, seiner Entscheidung für die Abstinenz, sofern sie überhaupt tief verankert war, treu zu bleiben. Der Abgestürzte hat das Versprechen, das er sich, seiner Familie, seinem Arbeitgeber, seiner Selbsthilfegruppe gegenüber gegeben hat, gebrochen.
Die soziale Umwelt des rückfällig gewordenen Alkoholikers reagiert häufig mit Enttäuschung und entsprechenden Vorwürfen. Nicht nur im juristischen Sinn wird dem Betroffenen vorgehalten, er habe nach dem ersten Ausstieg in die Abstinenz ja „gewusst", in welche Gefahr er sich begebe, wenn er erneut trinke. So wird der Rückfall als Versagen, als Scheitern und als Schritt in die Ausweglosigkeit fehlinterpretiert. Und dies erschwert es dem Alkoholabhängigen, schnellstmöglich Hilfe zu suchen und Hilfe zu erhalten.
Die moderne Suchttherapie hat jedoch längst der bei Rückfällen herkömmlich-resignierenden Katastrophenauffassung den Rücken gekehrt. Sie beschreibt heute den Krankheitsverlauf vorzugsweise in einem Modell, das auch Rückfälle nicht ausschließt. Das bedeutet: Ein Rückfall soll und muss nicht unabwendbar in die Katastrophe führen, sondern kann auch zur Chance für einen verstärkten Genesungseinsatz werden.

Der Rückfall – eine unumkehrbare Katastrophe?

Herkömmliche und heutige Sicht von Rückfällen

Herkömmliche moralisierende Sicht:

❶ Rückfälle sind Katastrophen.

❷ Rückfälle sind ein weiterer Schritt auf dem Weg der Selbstzerstörung.

❸ Rückfälle sind autonome Prozesse, „da kann man nichts machen". Das erste Glas endet im Kontrollverlust, der Rückfall im Siechtum.

❹ Bei Rückfälligkeit war die ganze Behandlung vergeblich.

Heutige konstruktive Sicht:

❶ Ein Rückfall kann auch eine Chance sein, bisher Festgefügtes in Frage zu stellen, zu überdenken.

❷ Ein Rückfall kann dazu führen, sich mit dem Thema ernsthafter als bisher zu beschäftigen sowie für den Notfall Hilfs- und Sicherheitspläne zu erstellen und parat zu haben.

❸ Mit dem Rückfall tritt ein altes, „bewährtes" Lösungsmuster wieder in Kraft. Er ist das Signal für Herausforderungen und Probleme, für die es (noch) keine anderen Bewältigungsmöglichkeiten gab.

❹ Rückfälle passieren nicht automatisch, der Betroffene trifft Entscheidungen und verhält sich in einer Art und Weise, die Rückfälle möglich bis wahrscheinlich machen.

❺ Rückfall ist nicht gleich Rückfall! Der Betroffene hat Einfluss auf den Ablauf und die Beendigung.

In seinem lesenswerten Buch und Wegbegleiter „Fahrschule des Lebens" schreibt Prof. Dr. med. Lothar Schmidt zur Rückfallproblematik: „Unser Leben verläuft selten gleichmäßig und glatt, sondern bringt uns nur zu häufig Höhen und Tiefen. Sie können uns aus dem Gleichgewicht bringen und wurden vielen Alkoholkranken Anlass zum Rückfall. Wir haben geübt, mit Verstimmungen, Kränkungen und vielen zwischenmenschlichen Störungen umzugehen. Was aber geschieht, wenn schwere Schicksalsschläge und Enttäuschungen auf uns zukommen und wir keinen vertieften Kontakt zu der Kraftquelle haben, die das AA-Genesungsprogramm vermittelt? Dann kann schnell wieder das alte Verhaltensprogramm durchschlagen, das ja nicht gelöscht ist und als Zeitbombe tickt, wenn wir kein neues entwickelt und geübt haben."

Vorbeugung und Gegenstrategien

„Als ich einmal dem ersten Glas sehr nahe war, habe ich zum Telefonhörer gegriffen. Allein schon dieser Griff hat das Verlangen gestoppt, noch ehe ich sprach."
Aussage eines AA-Freunds

Abstinente Alkoholiker wissen, dass die Alkoholkrankheit zwar zum Stillstand gebracht ist, aber wieder ausbrechen kann, wenn sie nicht auf der Hut sind. Für Alkoholkranke sollte es deshalb Teil ihres neuen Lebensstils sein, *Hochrisikosituationen* zu erkennen, sie möglichst zu meiden und zu lernen, sie ohne „Stoff" zu meistern. Kein Mensch kann jedem Risiko aus dem Weg gehen. Dazu zählen schwere Schicksalsschläge, die fast jeder Mensch im Lauf seines Lebens hinnehmen muss: den Tod des Partners oder eines Kindes, eine schwere Krankheit oder den Verlust des Arbeitsplatzes – der Alkohol kann hier für ein paar Stunden trügerischen Trost spenden, danach wird alles aber nur noch schlimmer.
Wer sich gefährdet fühlt, sollte sich unter keinen Umständen auf sich selbst zurückziehen, sondern sich vielmehr erfahrene Gesprächspartner suchen: am besten jemanden aus der AA-Selbsthilfegruppe oder einen Therapeuten,

notfalls kann es auch die Telefonseelsorge sein. Entscheidend ist, offen über das bestehende Problem zu reden.

Die aus schmerzhafter Erfahrung gewonnene Überzeugung der AA, „jeden Tag – immer nur 24 Stunden – das erste Glas stehen lassen", ist ebenso richtig wie wichtig. Gleichzeitig muss der Abhängige aber lernen und verinnerlichen, dass er bereits im Vorfeld sehr aufpassen muss, diesem ersten Glas nicht zu nahe zu kommen. Sonst erreicht er sehr rasch den *Point of no return*, einen Punkt, an dem er nicht mehr abbiegen kann. Wer als Alkoholabhängiger das erste Glas in der Hand hält, hat kaum noch eine Chance, es wieder wegzustellen. „Ich fühlte mich wie eine Marionette, ich konnte nichts mehr dagegen tun" – so und ähnlich berichten Alkoholkranke nach Rückfällen.

Es gilt daher, jeden Tag gut auf sich aufzupassen. Nicht ohne Grund leben langjährig trockene Alkoholiker sehr bewusst und wachsam, damit aber auch besonders intensiv. Deshalb ist es ganz wesentlich, nicht nur dann vorbereitet zu sein, „wenn es brennt", sondern auch ohne akute Gefährdung an sich zu arbeiten, um eine allgemeine Stabilisierung zu erreichen. Voraussetzung dafür ist, dass der Alkoholabhängige zu seiner Krankheit steht und sie ernst nimmt. Daraus ergibt sich, dass Selbsthilfegruppen wie der Gruppe der Anonymen Alkoholiker eine besondere Bedeutung für die Vorbeugung von und – wenn es dann doch passieren sollte – den Umgang mit Rückfällen zukommt: Nicht zuletzt deshalb, weil diese Selbsthilfegruppe das weitaus am häufigsten frequentierte Nachsorgeangebot in Deutschland, aber auch in unseren Nachbarländern Österreich und der Schweiz bereit hält. Es ist erwiesen, dass die offene Aussprache über Probleme, Konflikte und Krisen, über Möglichkeiten der Lebensbewältigung und Alternativen zur Resignation ermutigend wirkt, die Wachsamkeit für eigene Überheblichkeit und „Problemblindheit" fördert, anhand von Rückfällen anderer das ständige eigene Risiko aufzeigt und zur realistischen Einschätzung der eigenen Grenzen mahnt. Zudem ist eine Selbsthilfegruppe wie die AA durch das vermittelte Gefühl des Angenommenseins und der Geborgenheit rückfallprophylaktisch wirksam.

Hilfs- und Sicherheitsplan

Wie sich ein Rückfall ankündigt:

❶ Körperlich: Unruhe, Herzklopfen, Schlafstörungen.

❷ Gedanklich: „Es hat alles keinen Sinn." „Ich halte das nicht mehr aus." „Am liebsten würde ich wieder trinken."

❸ Gefühlsmäßig: Angst, Ärger, Traurigkeit.

Wer feststellt, dass diese Anzeichen bei ihm vermehrt auftreten, sollte umgehend zum Telefonhörer greifen und mit einem AA-Freund, einem Therapeuten oder einem anderen Menschen seines Vertrauens offen darüber sprechen.

Und wenn es dann doch passiert ist:

❶ Ich höre sofort auf zu trinken.

❷ Ich verlasse sofort den Ort des Trinkens.

❸ Ich hole Hilfe, denn ich habe bei AA gelernt: Wer Hilfe sucht, beweist Stärke.

Mein Schutz gegen Rückfälle:

❶ Ich zeige deutlich, dass ich nicht trinke.

❷ Ich besuche regelmäßig meine Selbsthilfegruppe.

❸ Ich achte auf engen und guten Kontakt zu Freundinnen und Freunden.

Es gibt auch eine ganze Reihe empirischer Belege für diese günstige Einschätzung der Wirkung von Selbsthilfegruppen. Die überwiegende Zahl der Studien bezieht sich auf die Anonymen Alkoholiker, die nach stationärer Therapie mit Abstand am häufigsten aufgesuchte Selbsthilfegruppe. Die

Mehrzahl dieser empirischen Studien zur Effektivität von AA als therapeutische Nachsorgemaßnahme kommt zu dem Ergebnis, dass die *regelmäßige* Teilnahme an Meetings mit einer relativ hohen Abstinenzrate einhergeht. Mit anderen Worten: Suchtkranke, die die AA häufig aufsuchen, leben mit doppelt so hoher Wahrscheinlichkeit abstinent und ohne Rückfälle wie diejenigen, die Zusammenkünften der AA nicht beiwohnen.

Besonders wichtig für den Aufbau einer abstinenten Lebensweise ist der Besuch einer Selbsthilfegruppe im ersten Jahr nach der stationären Therapie: Wer in diesem Jahr – so belegen weitere Studien – an AA-Treffen teilnahm, blieb im Durchschnitt über vier Jahre hinweg abstinent und ohne Rückfall. Wer dagegen im ersten poststationären Jahr die AA nicht aufsuchte, gehörte in den folgenden drei Jahren häufig zu den periodischen Trinkern. Außerdem ist nachgewiesen, dass Rückfällige ihre zukünftigen Abstinenzchancen um über 50 Prozent erhöhen, wenn sie regelmäßig zu einem AA-Meeting gehen.

Eine Reihe anderer Erhebungen kommt zu ähnlich optimistischen Befunden über die Wirkungen der AA, und zwar unabhängig davon, ob AA-Kontakte als alleinige Interventionsmaßnahme oder als Zusatzangebot nach einer ambulanten oder stationären Therapie genutzt werden.

Weitere Untersuchungen haben ergeben, dass Mitglieder der AA sich von Nichtmitgliedern in mehrerlei Hinsicht unterscheiden. Es stehen sich Unterschiede in der Persönlichkeit, dem Wahrnehmungs- und Denkstil, der sozialen Einbettung, den Werten, Einstellungen und Überzeugungen sowie nicht zuletzt dem Eingeständnis von Schwächen und der Machtlosigkeit dem Alkohol gegenüber.

Zusammenfassend lässt sich in Form einer weiteren guten Botschaft sagen, dass die Teilnahme an AA-Meetings eine Reihe positiver Entwicklungen in Gang setzen kann: Die Kontaktfähigkeit wird verbessert und neue, „trockene" Freundschaften werden geschlossen, soziale Isolation wird abgebaut, man übt sich in Toleranz und lernt, sich und andere auch in der Schwäche zu akzeptieren. Es erfolgen Anregungen zu einem bewussteren Leben; die

Überzeugung wird gefestigt, das Suchtmittel Alkohol nicht mehr zu brauchen und das Leben auch „ohne Krücke Alkohol" bewältigen zu können. Dies alles trägt erfahrungsgemäß zu einer allgemeinen Stabilisierung und Gesundung bei, wodurch wiederum die Rückfallgefahr erheblich reduziert wird.

Im Sog der Abhängigkeit – die Familie

„ ... *Loslassen ist weder gütig noch rücksichtslos; es ist keine Bewertung der Person oder Situation, von der wir uns lösen. Es ist nur ein Mittel, uns von den nachteiligen Auswirkungen auf unser Leben zu erholen, die durch das Zusammenleben mit jemandem verursacht wurden, der unter der Krankheit Alkoholismus leidet. Loslassen hilft den Familien, ihre Situation realistisch und objektiv zu sehen und dadurch vernünftige Entscheidungen zu treffen.*"
AA-Informationen, Auszug aus einem Faltblatt mit Informationen für Angehörige von Betroffenen in der Gemeinschaft Al-Anon.

Wenn das Trinken zur Abhängigkeit wird, leiden die Familienangehörigen oft am meisten, während die Betroffenen in ihrer Krankheit die Augen davor verschließen. Lassen Angehörige aber nicht los – die AA bringen dieses Loslassen mit den Worten „Hilfe durch Nichthilfe" exakt auf den Punkt –, und schneiden die Angehörigen dem Betroffenen den Fluchtweg nicht ab, indem z. B. die Ehefrau ihren abhängigen Mann weiterhin mit einer „Magen-Darm-Erkrankung" und dgl. bei seinem Chef entschuldigt, tragen die Angehörigen ungewollt dazu bei, dass der Alkoholkranke den Ausweg nicht findet.

Ist Alkohol nur das Problem Betroffener?
von Prof. Dr. med. Lothar Schmidt

Alkohol schafft viele Probleme, nicht nur für den Betroffenen selbst, sondern auch für die Gesellschaft und besonders für das unmittelbare Umfeld des Kranken, für Ehe- bzw. Lebenspartner und Kinder. Es hat lange gedauert, bis man erkannte, dass Alkoholabhängigkeit in aller Regel keine selbstverschuldete Krankheit ist, die sich aus dem Zusammenspiel biochemisch und genetisch fixierter Dispositionen mit Förderfaktoren aus dem sozialen Bereich entwickelt. Noch später wurde erkannt, dass Partner und Kinder regelmäßig in den Krankheitsprozess einbezogen werden. Wir Ärzte haben AA viel zu verdanken, die ihre Erfahrungen zusammenfassten und uns sagten, dass Alkoholismus nicht nur eine Krankheit des Betroffenen, sondern eine *Familienkrankheit* ist. Sie gaben wertvolle Anstöße für die Forschung, die ihre Erfahrungen bestätigte.

Der Partner wird zuerst mit dem Krankheitsbild konfrontiert und muss sich mit dem veränderten Verhalten des Kranken auseinandersetzen. Bereits vor der Entwicklung exzessiven Trinkens verringert Alkohol häufig Takt und Schamgefühl ebenso erheblich wie die Achtung und Rücksichtnahme vor dem Partner. Mit einem Partner, der ständig nach Fusel stinkt, Schlafzimmer und Bett zu teilen, lässt manche Frühlingsgefühle erkalten. Im Rahmen der Krankheitsentwicklung wird der Betroffene zunehmend dysfunktional und seiner Familienrolle nicht mehr gerecht. Es kommt zu einer ganzen Reihe von Konflikten.

Wie die Alkoholkrankheit selbst hat auch *Alkoholismus als Familienkrankheit* einen typischen Verlauf:

Auch diese Krankheit fängt meistens unauffällig und harmlos an. Aus Wunschdenken und Leichtgläubigkeit besteht anfangs die Bereitschaft, den trinkenden Partner zu verteidigen. Auch der Partner bzw. die Partnerin fürchtet Diskriminierung und entwickelt Abwehr. In dieser ersten Phase, der *Verleugnungsphase*, wird das Trinken der oder des Kranken vor anderen, möglichst auch vor den Kindern, verborgen, geleugnet und entschuldigt: „Vater hatte heute wieder einen schweren Tag." Später wird ihre oder seine Alkoholabhängigkeit bewusst geleugnet: „Bei uns ist alles in Ordnung." Damit wird das eigene Moralsystem geschädigt. Man betrügt sich selbst und gibt sich einer Illusion hin. Man will die Abhängigkeit nicht wahr haben und nicht mit einem Alkoholiker oder einer Alkoholikerin verheiratet sein. Bei zunehmenden Spannungen wird nicht selten durch engeres Zusammenrücken nach außen der Schein einer intakten Familie bewahrt.

Ist Alkohol nur das Problem Betroffener?

> **Typische Konfliktsituationen**
>
> ❶ Konflikte im Zusammenleben, z. B. durch unberechenbares Verhalten, durch Zusagen und Versprechungen, die nicht gehalten werden, durch Stimmungsschwankungen zwischen Aggression und Selbstmitleid, durch Passivität und Agitation.
>
> ❷ Konflikte in der Kindererziehung z. B. durch negatives Leitbildverhalten, ungerechte Bestrafung und Versöhnung.
>
> ❸ Ökonomische Konflikte, z. B. durch unkontrollierte Geldausgaben und Auslösung finanzieller Probleme.
>
> ❹ Rollenkonflikte, z. B. durch die Unfähigkeit des Kranken, seine Aufgaben und Pflichten zu übernehmen und verantwortlich durchzuführen.
>
> ❺ Sexuelle Konflikte, z. B. durch sexuelle Enthemmungen, Verletzungen des Schamgefühls, unangemessene Forderungen und auch durch Impotenz.
>
> ❻ Konflikte durch Wechsel der sozialen Position, z. B. durch beruflichen Abstieg oder durch Verlust des Arbeitsplatzes.
>
> ❼ Konflikte durch zunehmende Isolation und Störung von Beziehungen.

Da das Problem bei fortschreitender Krankheitsentwicklung immer deutlicher wird, kaum mehr vor den Kindern und nächsten Verwandten verheimlicht werden kann, wird in der folgenden Interventionsphase versucht, die Kranke oder den Kranken vom übermäßigen Trinken abzuhalten. Der Partner oder die Partnerin bittet, hält Moralpredigen und fordert Versprechungen.
Da sie nicht eingehalten werden können, folgen Vorwürfe. Enttäuschungen und Unsicherheit füllen den Tag. Flaschen werden gesucht und ausgegossen. Doch nach außen wird die Fassade gewahrt. Die Partnerin holt ihren betrunkenen Mann aus der Kneipe ab, damit ihm unterwegs nichts passiert, achtet auf sein Outfit und seine richtige Ernährung, bezahlt seine Schulden, wischt das

Erbrochene auf, entschuldigt sein Fehlen beim Arbeitgeber mit irgendwelchen Krankheiten wie Magen-Darm-Problemen, Grippe oder Migräne und verwischt – soweit sie es kann – die Spuren seines Trinkens.

Damit wächst die gegenseitige Abhängigkeit. Alkohol wird zum Mittelpunkt des Denkens. Das Leben wird um den alkoholkranken Partner arrangiert, und damit werden zugleich die Befriedigung eigener Bedürfnisse und Interessen mehr und mehr vernachlässigt sowie die Sorge für das eigene Wohlbefinden vergessen. Die Partnerin bzw. der Partner versucht, den Kranken bzw. die Kranke vor Diskriminierungen zu schützen, die ja die ganze Familie treffen. Damit wird der für den Veränderungsprozess wichtige Leidensdruck genommen und verstärkt die Illusion, dass alles in Ordnung sei. Damit wird ungewollt und meistens auch unbewusst der Leidensweg verlängert.

Beim ersten Beratungsgespräch haben mir wiederholt Alkoholkranke gesagt: „Sie müssten mal meine Frau kennen lernen, dann wüssten Sie auch, warum ich manchmal zu viel trinke." Häufige Demütigungen, Kränkungen und nicht selten auch Misshandlungen verwunden das Selbstwertgefühl, verursachen Schamgefühle, Ängste, Depressionen und gelegentlich auch Wut, die jedoch meistens unterdrückt wird. Die Partnerin bzw. der Partner beschränkt sich nunmehr auf Nahziele: „Trink' doch wenigstens nicht, wenn meine Eltern zu Besuch kommen."

Da der Alkoholkranke zunehmend unfähiger wird, seine Aufgaben und Pflichten der Familie gegenüber zu übernehmen, folgt die *Phase des ersten Rollenwechsels*, bei der die Partnerin mehr und mehr die Rollen des Kranken übernehmen muss. Um ein Chaos zu vermeiden, muss sie sich vermehrt um finanzielle Angelegenheiten kümmern, die Familie nach außen vertreten und vermehrt Erziehungsaufgaben für ihre Kinder übernehmen. Als es noch reichlich Arbeitsplätze gab, sind viele Partnerinnen von Alkoholkranken in das Berufsleben zurückgekehrt. Sie bekamen dort Anerkennung und konnten etwas für ihr verletztes Selbstwertgefühl tun.

Ist Alkohol nur das Problem Betroffener?

Resignationsphase

In der folgenden *Resignationsphase* ist das Problem offensichtlich geworden:

❶ Die Familie beginnt sich zunehmend zu isolieren. Freunde und Bekannte werden nicht mehr eingeladen, damit sie möglichst nicht die ganze Tragödie des Problems mitbekommen. Die Isolierung verhindert, neue wertvolle Beziehungen einzugehen.

❷ Oft wird die Partnerin bedauert, einen Trinker zum Mann zu haben, oft aber auch beschuldigt, Grund für sein exzessives Trinken zu sein.

❸ Damit entstehen Zweifel, vielleicht durch eigenes Fehlverhalten sein Trinkverhalten ausgelöst zu haben, zumal entsprechende Vorwürfe von Seiten des Kranken nicht selten sind.

In der sich anschließenden *Fluchtphase* wird versucht, dem Problem zu entfliehen. Es wird mit Trennung und Scheidung gedroht. Aus Angst vor dem endgültigen Zusammenbruch der Beziehung werden die Drohungen jedoch oft nicht umgesetzt, sodass sie ihre Wirkungen verfehlen. Ein noch nasser Alkoholiker erzählte mir: „Meine Frau hat schon elf Mal mit Scheidung gedroht. Jetzt warte ich, dass sie das Dutzend vollmacht, dann feiern wir."

Doch letztlich kann es zur Trennung oder Scheidung kommen. Es folgt die *Trennungsphase*. Ehen, in denen die Partnerin alkoholkrank ist, sind labiler und zerbrechen schneller. Männer sind in der Regel intoleranter, während meistens die Frau mehr auf den Bestand der Familie eingestellt und in ihrer Familienfunktion weniger entbehrlich als der Mann ist.

Kommt es jedoch nicht zur Scheidung, wird der alkoholkranke Partner trocken, beansprucht er bald wieder die Übernahme seiner alten Rollen. Es kommt die Phase des *zweiten Rollenwechsels*. Er will z. B. wieder die

Wirtschaftskasse führen und Entscheidungen in vielen Angelegenheiten treffen. Das kann eine Reihe neuer Konflikte auslösen. Da der Alkoholkranke in der Vergangenheit viel versprochen und wenig davon gehalten hat, besteht bei der Partnerin zunächst Misstrauen und Unsicherheit. Die Überwindung von Ängsten, alten Erinnerungen, Enttäuschungen und Verletzungen benötigt oft lange Zeit, um gegenseitiges Vertrauen und ein harmonisches Miteinander wiederherzustellen. Leider zerbrechen nicht selten Ehen nach eingetretener Alkoholabstinenz. Auch Partner und Kinder einer bzw. eines Alkoholkranken werden krank und brauchen Hilfe. Oft ist die Partnerin mehr kaputt als ihr alkoholkranker Mann. Der Alkoholkranke braucht für seine Sucht Helfer. Hierzu sind die vermehrt disponiert, die das Bedürfnis haben, fürsorglich zu sein, gebraucht zu werden, anderen zu helfen, andere durch Liebe zu verändern, aber auch andere zu kontrollieren und Macht über sie auszuüben. Dazu gehören auch die, die Angst haben, verlassen zu werden. In meine Sprechstunde in der Berliner Landesstelle für Suchtgefahren kamen Woche für Woche Angehörige, um Rat und Hilfe zu suchen. Ihre Fragen wiederholten sich und offenbarten ihr Verhalten.

Kinder einer Alkoholikerfamilie sind stets mit betroffen und erfahren die geringste Hilfe. Kinder benötigen jedoch außer sinnvoller Ernährung und Hygiene Zuwendung, Sicherheit und Geborgenheit. Das sichtbare Verhalten der Eltern ist für die Erziehung in der Regel wichtiger als das, was sie sagen. Leider besteht oft eine Diskrepanz zwischen dem, was Eltern sagen und dem, was sie tun.

Nahezu in jeder Familie können mal Krisen auftreten. Je nachdem wie sie gelöst werden, lernen die Kinder daraus, oder sie leiden. In Alkoholikerfamilien herrscht oft dauernd eine gespannte Atmosphäre von Angst, Unsicherheit und mangelnder Geborgenheit. Die Kinder werden verunsichert, eine vertrauensvolle Beziehung zu den Eltern, besonders jedoch zum Alkoholkranken zu entwickeln. Die Eltern haben ihre Sorgen, was ihre Aufmerksamkeit für die Kinder einschränken kann.

> **Beispiele aus meiner Sprechstunde**
>
> ❶ „Mein Mann trinkt zu viel, ich kann es nicht mehr ertragen. Können Sie mir nicht sagen, wie ich meinem Mann das Trinken abgewöhnen kann?"
>
> ❷ „Mein Mann trinkt zu viel. Ich hab' ja nichts dagegen, dass er etwas trinkt. Ich trinke auch gern mal was. Ein richtiger Mann muss ja etwas trinken, aber nicht so viel. Ich rede ständig auf ihn ein, aber er hört nicht auf mich. Können Sie ihm nicht mal richtig die Meinung sagen?"
>
> ❸ „Sie sollten wissen, dass ich meinem Mann immer geholfen habe. Ich habe alle seine Gemeinheiten ertragen. Jetzt kann ich nicht mehr. Sie müssen meinem Mann das Trinken verbieten. Aber sagen Sie ihm nicht, dass ich mit Ihnen gesprochen habe. Ich will nicht, dass er schlecht von mir denkt."

Kinder erleben Streit bis zur tätlichen Auseinandersetzung zwischen den Eltern. Sie sind vermehrt Stimmungsschwankungen ausgesetzt und erleben keine Verlässlichkeit, was sie zusätzlich verunsichert. Was heute gesagt wurde, muss morgen nicht mehr gelten. Versprechungen werden nicht eingehalten. Oft erleben Kinder einen Mangel an positiven Anregungen, statt dessen negatives Leidbildverhalten, oft sogar Misshandlungen, sexuelle Belästigungen und Missbrauch. Viele erleben finanzielle Probleme, die sie in noch größere Isolation bringen.

Für Kinder ist Loyalität gegenüber den Eltern zunächst selbstverständlich. Doch in Alkoholikerfamilien sind sympathische und ablehnende Einstellungen oft gleichzeitig vorhanden bzw. wechseln rasch. Mal stehen die Kinder auf der Seite des trinkenden Vaters und machen die Mutter für sein Trinken verantwortlich.

Ein anderes Mal halten sie zur Mutter und lehnen den Vater wegen seiner Haltlosigkeit ab. In einem Seminar für Kinder aus Alkoholikerfamilien hat mich der Bericht eines Achtjährigen über seine ambivalenten Gefühle sehr erschüttert. Der Junge sagte: „Ich hab' Papis Axt gesucht, ich wollte ihn erschlagen. Dann brach ich in Tränen aus und sagte: Nein, nein, ich hab' doch meinen Papi lieb."
Jederzeit können unberechenbare Aggressionen des Alkoholkranken erfolgen, denen sich die Kinder hilflos ausgeliefert fühlen. Andererseits werden sie auch in die Rolle des Helfers gedrängt, wenn sie z. B. ihren Vater oder ihre Mutter alkoholisiert hilflos vor dem Bett liegend vorfinden. Weil der Alkoholkranke kein Partner im eigentlichen Sinne mehr ist, können Kinder zum Ersatzpartner gemacht und damit überfordert werden. Minderjährige werden als Gesprächspartner bei Ehe-, Sex-, Finanz- und Berufsproblemen herangezogen und sollen wie Erwachsene reagieren.
Kinder haben keine Chance, aus dem Familiendrama auszusteigen. Sie haben keine Wahlmöglichkeiten und müssen sich aktiv am Suchtsystem der Familie beteiligen.
Dabei lernen sie bestimmte Regeln einzuhalten. Höre nicht, fühle nicht, traue niemandem, vor allem deinen eigenen Gefühlen nicht. Niemand darf sagen, was er wirklich fühlt, und über das Problem wird weder untereinander und noch weniger außerhalb der Familie gesprochen. Kinder dürfen nicht über das Alkoholproblem in der Familie sprechen. Wenn der Vater trinkt, übernimmt die Mutter viele Pflichten, bemüht sich, die Kinder ordentlich zu kleiden und mit dem Nötigen zu versorgen, sodass keine Vernachlässigungszeichen zu erkennen sind. Um das Geheimnis zu wahren, werden viele Anstrengungen unternommen, um nach außen perfekt zu erscheinen. Wenn beide Eltern alkoholkrank sind, sind sehr schnell Anzeichen von Vernachlässigung zu erkennen.
Wie der Alkoholkranke leugnet auch lange die Familie, dass Alkohol das Problem ist. Vieles andere wird verantwortlich gemacht. Später wird die Abhängigkeit geleugnet. Wenn es nicht mehr geleugnet werden kann, meint

man, dass das Trinken nicht die Ursache, sondern eine Begleiterscheinung des Problems ist. Jedes Familienmitglied wird zum „Zuhelfer". In der Regel ist die Partnerin die Haupthelferin, doch die Kinder helfen mit. Sie decken den Abhängigen, entschuldigen ihn, fügen sich seinen Regeln und übernehmen seine Pflichten.

Kinder in Alkoholikerfamilien erhalten von ihren Eltern häufig verwirrende Botschaften, aus denen sie oft Verhaltensweisen entwickeln, die sie später nur schwer verändern können.

Beispiele für schwer veränderbare Verhaltensweisen

❶ *Liebe und Zurückweisung:* „Ich hab' dich lieb, aber hör' auf, mir auf die Nerven zu gehen." Später kann sich dieses Kind als Erwachsener von Beziehungen angezogen fühlen, in denen es zurückgewiesen wird, da Liebe für einen solchen Menschen mit Ablehnung verbunden ist.

❷ *Verlässlichkeit und Enttäuschung:* „Ich werde für dich da sein, wirklich, ich verspreche es, diesmal nicht, aber das nächste Mal." Unglücklicherweise kommt immer etwas dazwischen. Dieses Kind hat gelernt, nichts zu erwarten. Als erwachsener Mensch werden dann häufig Bedürfnisse unterdrückt, um nicht enttäuscht zu werden, denn dieser Mensch hat gelernt, sich auf nichts verlassen zu können.

❸ *Wahrheit und Lüge:* „Sag' immer die Wahrheit, sei ehrlich – ich will nichts davon hören." Wahrheit ist für die Kinder das, was die Eltern hören wollen. Damit wird Lügen zur Alltags-Routine. Somit können Lügen auch später im Erwachsenenleben keine Schuldgefühle auslösen.

❹ *Alles in Ordnung, und nichts stimmt:* Die vom Kind wahrgenommene Realität wird von den Eltern geleugnet. Das Kind erlebt somit den Konflikt zwischen seiner Wahrnehmung und seinem Denken. Das erwachsene Kind kann später unter Beeinträchtigung seiner Realitätswahrnehmung leiden.

Überlebensstrategien von Kindern

Trotz vieler negativer Erfahrungen haben Kinder ihre Eltern lieb. Wenn sie älter werden, entwickeln sie oft eine Ambivalenz zwischen Liebe und Hass, wie ich es am Beispiel des 8-Jährigen erlebt habe (siehe Seite 74).

Um das dysfunktionale Familienleben überleben zu können, eignen sich Kinder oft Überlebensstrategien an und schlüpfen in bestimmte Rollen, die ihre Persönlichkeitsentwicklung entscheidend beeinflussen können. Die folgenden Rollen, die Kinder einnehmen, stützen sich auf Aussagen von Klaus Peter Albrecht in seinem Buch „Familienkrankheit Alkoholismus".

Der Held
Diese Rolle übernimmt das erstgeborene Kind oder das Einzelkind. Es verhält sich überangepasst, ist in der Familie hilfreich, zeigt gute Leistungen und ist der Stolz der Familie.

Dieses Kind hofft, das Suchtproblem der Familie damit beseitigen zu können. Es übernimmt viel zu früh und viel zu viel Verantwortung und wird von einem Elternteil oder beiden oft als Ersatzpartner missbraucht, indem es mit den Problemen der Erwachsenen konfrontiert wird. Es wirkt schon als junges Kind reif, verlässlich, vernünftig, entwickelt Kompetenzen, lernt planen und zu organisieren. Es kann für andere besser sorgen als für sich selbst und lässt seine eigenen Bedürfnisse außer Acht. Es hat keine Zeit, richtig Kind zu sein. Sehr gut zu sein, kann einen zwanghaften Charakter annehmen. Es kann schwer entspannen, Spaß haben und loslassen.

Hinter dieser Fassade steckt häufig ein ängstliches, trauriges Kind, das sich selbst Schutz geben muss. Es lässt sich von anderen nicht helfen, macht lieber alles mit sich selbst ab und vertraut kaum einem anderen.

Als erwachsenes Kind besteht die Neigung, Pflichten und Verantwortung zu übernehmen. Es besteht meistens eine hohe Kompetenz und die Gefahr, sich zu überfordern. Von anderen abhängig zu sein, wird meistens als unerträglich empfunden. Oft werden helfende Berufe gewählt, da das Kind von klein auf die

Rolle des Helfens übernommen und geübt hat, besteht die Neigung, Beziehung mit einem Abhängigen einzugehen.

Der Sündenbock oder das schwarze Schaf
Wie das Heldenkind mit guten Taten von Problemen in der Familie ablenkt, sorgt der Sündenbock mit Aufregungen, Störungen und Auffälligkeiten für Ablenkung. Er hat Schulprobleme, schwänzt, stört den Unterricht, bringt schlechte Leistungen, treibt sich herum und macht oft früh Erfahrungen mit Alkohol und illegalen Drogen. Er erhält von der Familie Vorwürfe und bringt ihr zusätzliche Probleme. Ein Versuch, aus diesen negativen Rückmeldungen herauszukommen ist, sich anderen gleichaltrigen Sündenböcken anzuschliessen, bei denen er Bewunderung für seine Taten und Verständnis für seine Situation erhält.

Hinter der Fassade verbirgt sich häufig Schmerz, Einsamkeit und Zurückweisung. Der Sündenbock, meistens das zweite Kind in der Familie, zahlt den höchsten Preis in der Alkoholikerfamilie. Er entwickelt keine Kompetenzen, die zur Lebenstüchtigkeit führen, und zerstört sich oft selbst durch Alkohol und illegale Drogen.

Das unsichtbare oder fügsame Kind
Die Strategie dieses Kindes ist, sich so wenig wie möglich in Aktion zu setzen, damit es vor unkontrollierten Aktionen der Eltern sicher ist. Es will keine Aufmerksamkeit erregen. Es nimmt alles ohne Widerspruch hin, fügt sich, weil es das Gefühl hat, ohnehin nichts ändern zu können. Die Eltern loben es höchstens für das, was es nicht tut: „Wenigstens du machst uns keine Sorgen." Ein solches Kind wird zum Einzelgänger, macht sich zum Außenseiter und entwickelt ein passives Verhaltensmuster. Es hat gelernt, seine Bedürfnisse nicht zu spüren und eigene Meinungen nicht zu artikulieren. Es beschäftigt sich mit sich selbst, wirkt verträumt und abwesend. Das vorherrschende Gefühl ist Einsamkeit: Ein solches Kind hat nie Nähe erfahren. Als erwachsener Mensch hat das „fügsame Kind" oft Schwierigkeiten, enge Beziehungen einzugehen.

Der Clown oder Sonnenschein
Es ist oft das jüngste Kind, das durch seine Fröhlichkeit, durch seinen Witz und Humor alle zum Lachen bringt und Außenstehende wie auch die Familie im Glauben lässt, dass alles in Ordnung sei. Ein solch fröhliches Kind kann doch nur in einer intakten Familie aufwachsen.
Doch dieses Kind spürt die Spannung in der Familie. Es ist aber noch zu klein, um sie entsprechend einzuordnen. Ein solches Kind kann Spaß machen, ist beliebt und wird nicht ernst genommen.
Schon früh beginnt es, seinen eigenen Gefühlen und Wahrnehmungen nicht mehr zu trauen. Es überspielt seine Angst und Unruhe mit scheinbarer Fröhlichkeit, mit Witz und Humor. Ein solches Kind kann kein gesundes Selbstwertgefühl und Vertrauen entwickeln. Es steht in der Gefahr, sein intellektuelles Potenzial zu vernachlässigen, spielt Spaßmacher, statt in der Schule richtig mitzumachen, und hat oft Wissensdefizite. Anfangs erfahren diese Kinder viel Zuneigung und Anerkennung. Später schlägt das oft um, weil sie albern und unreif wirken. Sie stehen in der Gefahr, nie erwachsen zu werden, und kommen mit dem Leben oft nicht zurecht.

Oft sind Partner und Angehörige dem Zusammenbruch näher als der Alkoholkranke. Der erfolglose Kampf gegen ihr bzw. sein Trinkverhalten und dessen Folgen kostet viel Kraft, die für etwas Besseres eingesetzt werden kann. Wie der Alkoholiker, der genesen will, akzeptieren muss, abhängig, krank und dem Alkohol gegenüber machtlos zu sein, so muss auch die Familie ihr krankes Fehlverhalten und ihre Machtlosigkeit der Alkoholkrankheit gegenüber akzeptieren.
Somit gilt der erste Schritt des Genesungsprogramms der AA auch für die Angehörigen: „Wir gaben zu, dass wir dem Alkohol gegenüber machtlos sind und unser Leben nicht mehr meistern konnten." Das bedeutet, zur eigenen Realität zu stehen, sie nicht länger zu verdrängen oder zu verleugnen. Das Eingeständnis der Machtlosigkeit, das Krankheitseingeständnis, ist jedoch kein

Ist Alkohol nur das Problem Betroffener?

Freibrief für Fehlverhalten. Darum sagen AA: „Es ist keine Schande krank zu sein, aber eine Schande, nichts dagegen zu tun."

Das Eingeständnis der Machtlosigkeit gegenüber Alkohol ändert beim Alkoholkranken die Sicht, setzt Kräfte frei, die für die Genesung eingesetzt werden können. Dasselbe gilt auch für Angehörige, die ihre Machtlosigkeit gegenüber dem Trinkverhalten ihres Alkoholkranken zugeben. Der Blick wird klarer. Wie wir keinem Tuberkulösen durch Moralpredigten, Bitten, Drohungen, Abverlangen von Versprechungen das Husten abgewöhnen können, genauso wenig kann damit ein Alkoholkranker geheilt werden. Alle Bemühungen und Tricks, den Alkoholkonsum zu kontrollieren und den Kranken zu mäßigem Trinken zu manipulieren, bleiben erfolglos.

Oft fragten mich Angehörige von Alkoholkranken, wie sie das Trinkverhalten des Alkoholkranken beeinflussen können und wo sie Hilfe und Verständnis finden können. Letzteres finden sie am besten bei Menschen, die dieselbe Not erfahren haben, also in der Selbsthilfegruppe für Angehörige. Aber auch Professionelle haben entsprechende Therapiekonzepte entwickelt. Durch Informationen über die Alkoholkrankheit gilt es zunächst, die Bereiche der Machtlosigkeit zu akzeptieren und falsches Verhalten zu erkennen. Partner erfahren in der Selbsthilfegruppe, dass der Alkoholiker kein Versager, sondern ein Kranker ist, eine Krankheit hat, die seine Persönlichkeit und sein Verhalten verändert. Diese Sicht wird von Partnern zunächst oft abgelehnt und als Freibrief gewertet. Doch es ist kein Freibrief, denn der Kranke hat die Verpflichtung, sich für seine Genesung einzusetzen. Das Wissen, dass Alkoholabhängigkeit eine echte Krankheit ist, gehört nicht nur in den Kopf, sondern auch ins Herz. Doch der Weg vom Kopf zum Herz ist oft weit, und mancher braucht viel Zeit, ihn zu gehen. Wer jedoch seinen Partner als Kranken akzeptieren kann, entlastet sich, erhält eine neue Sicht, die Kräfte freisetzt, die für die eigene Genesung genutzt werden können. Es ergeben sich Einsichten, die die amerikanischen Al-Anons in drei C's zusammenfassten. Ich habe mir erlaubt, noch ein viertes „C" hinzufügen.

Vier gute Einsichten zur Verhaltensänderung

❶ *Cause:* Ich habe die Alkoholkrankheit meines Partners nicht verursacht. Viele Partner haben sich wiederholt Sorgen gemacht und waren sich unsicher, ob sie nicht durch ihr Verhalten zur Entwicklung des exzessiven Trinkens etwas beigetragen haben.

❷ *Control:* Ich kann das Trinken meines Partners nicht kontrollieren, um ihn dadurch vor Folgen zu schützen.

❸ *Cure:* Ich kann meinen kranken Partner nicht heilen.

❹ *Change:* Ich kann mich und mein Verhalten ändern.

Was heißt, in Liebe loszulassen?

Es heißt, das Co-Verhalten aufzugeben, dem Partner die Verantwortung für sein Leben zu überlassen, ihm damit die Chance zur Krise zu geben; heißt aber auch, sich positiv und verständnisvoll auf ihn einzustellen, ihm das Beste für seine Genesung zu wünschen; heißt aber auch, sich für die eigene Genesung einzusetzen, auf eigene Bedürfnisse zu achten, für sich klare Entscheidungen zu treffen, diese unmissverständlich mitzuteilen und konsequent umzusetzen, und heißt schließlich aufzuhören, den kranken Partner nach eigenen Vorstellungen ändern zu wollen.

Der ehrliche Erfahrungsaustausch in der Gruppe Gleichbetroffener ist eine wichtige und wertvolle Hilfe, dies zu lernen. Die Partnerin eines Alkoholkranken hatte in ihrer Verzweiflung eine Al-Anon-Gruppe aufgesucht und dort viel gelernt. Sie erlebte, dass ihr Partner wieder betrunken nach Hause kam. Er erbrach sich über dem neu gekauften wertvollen Teppich, rutschte aus und fiel in das Erbrochene. Als er sich mit einem Griff zur Gardine aufrichten wollte, fiel diese nebst Gardinenstange runter. Seine junge Frau kam hinzu. Ohne zu schimpfen oder alles zu säubern und ihren Mann ins Bett zu bringen, sagte sie nur: „Du bist mein Mann, und du weißt, dass ich dich liebe, du hast dich aber für dies alles entschieden, gute Nacht" und ging schlafen. Auch dieser Mann kam wenige Wochen später zu mir in die Behandlung.

In meiner langjährigen Praxis zeigte es sich immer wieder, wenn einer der Kranken, der Alkoholiker oder sein Partner, den Genesungsweg geht und sich ändert, ändert sich das ganze System.

Mancher Alkoholkranke war völlig verwirrt, wenn seine Partnerin keine Vorwürfe mehr machte, die Flaschen stehen ließ, das Erbrochene nicht mehr aufwischte und die Folgen seines Trinkens nicht mehr abfing. Aber auch manche Partnerin war völlig verwirrt, wenn ihr Alkoholiker mit dem Trinken aufhörte, zur Gruppe ging und wirklich tat, was er sagte. Manches Kind war verwirrt, wenn seine Eltern über das ehrlich sprachen, was sie wirklich dachten und fühlten.

Zusammengefasst halte ich fest: Alkohol ist nicht nur ein Problem für den Alkoholkranken, sondern auch für seine Familie und auch für unsere Gesellschaft. Die durch die Hölle der Alkoholkrankheit gegangen sind, ob Alkoholiker, Partner und Kinder und sich für die Genesung entschieden haben, werden in aller Regel denkende Menschen. Sie denken tiefer als andere und bauen ein neues wert-, sinn- und zielorientiertes Leben auf. Ich bin dankbar, dass ich immer wieder solchen Menschen begegnen konnte.

Al-Anon und Alateen

Wenn die Angehörigen erkennen und zugeben können, dass sie dem Alkohol gegenüber genauso machtlos sind wie der Alkoholiker selbst, öffnet sich nach Meinung von Al-Anon die Tür zu einem neuen Leben. Dieses Eingeständnis der Machtlosigkeit nennen sie, genau wie die AA, „Kapitulation". Kapitulation bedeutet nicht Resignation – es bedeutet, die Alkoholkrankheit verstehen und akzeptieren lernen.

AA und Al-Anon sehen Alkoholismus als eine erworbene und nicht selbst verschuldete Krankheit, die zwar nicht heilbar ist wie eine organische Erkrankung, aber die zum Stillstand gebracht werden kann. Der Alkoholiker kann gegen seine Krankheit sehr wohl etwas tun, wenn er will. Ist er aber nicht bereit, etwas zu unternehmen, bleibt den Angehörigen nur ein Weg: die Krankheit zu akzeptieren, ihre Machtlosigkeit einzugestehen, die Verantwortung, die sie für den Alkoholiker durch ihre endlosen Hilfeleistungen übernommen hatten, abzugeben. Die Angehörigen können dann ihr sinnloses Leiden beenden, das Recht auf eigene Bedürfnisse und ein eigenes Leben erkennen und einen neuen Weg suchen.

Der Kernsatz der Kapitulation der Angehörigen lautet: „Ich schaffe es nicht" – den Alkoholiker vom Alkohol wegzubringen. Wenn die Kapitulation ehrlich ist, hilft sie den Angehörigen, ihr Schicksal anzunehmen. Sie ist keine psychologische Methode und darf deshalb auch nicht als pädagogische Taktik verstanden werden.

Der neue Weg mit dem spirituellen Programm der *Zwölf Schritte* hilft auch den Angehörigen, Gefühle von Angst und Wut, von falschem Mitleid und Selbstmitleid, von Scham und Schuld zu überwinden, bietet ihnen die Möglichkeit, Verhaltensfehler wie Verachtung und Vorwürfe, Strafe, Kampf und dirigierendes Verhalten abzulegen und durch vernunftgerichtete Reaktionen zu ersetzen. Wie die AA bieten auch die von ihnen begründeten Al-Anon-Gruppen eine warme, verständnisvolle Atmosphäre, in der betroffene Angehörige untereinander offen sprechen können. Diese Gruppen bieten die Chance, das eigene Fehlverhalten zu erkennen, Orientierungsmöglichkeiten zu erfahren und gemeinsam nach Lösungen für die persönlichen Schwierigkeiten zu suchen. Hier teilen Al-Anon Erfahrung, Kraft und Hoffnung.

Viele Angehörige von Alkoholikern konnten bei Al-Anon lernen, das spirituelle Programm der *Zwölf Schritte* für sich umzusetzen, fanden die Slogans hilfreich bei der Entwicklung alternativer Verhaltensweisen. Sie konnten

Al-Anon in seinem Selbstverständnis

„Bei Al-Anon lernen wir, dass niemand für die Krankheit eines anderen verantwortlich ist und auch nicht für die Genesung. Wir lösen uns aus der krampfhaften Fixierung auf einen anderen. Unser Leben wird glücklicher und leichter zu meistern, es wird ein Leben mit Würde und Rechten, ein Leben unter der Führung einer Macht, die größer ist als wir selbst. In Al-Anon lernen wir:

❶ nicht darunter zu leiden, was andere tun oder wie sie reagieren;

❷ nicht zuzulassen, dass wir von jemandem zur Wiederherstellung seiner Gesundheit benutzt oder missbraucht werden;

❸ nicht etwas für andere zu tun, was sie selbst tun sollten;

❹ nicht zu manipulieren, z. B. was andere zu essen, wann andere ins Bett zu gehen haben, aufstehen müssen, Rechnungen zu zahlen haben usw.;

❺ nicht die Fehler oder falschen Handlungen eines anderen zu decken;

❻ nicht eine Krise herbeizuführen;

❼ nicht eine Krise zu verhindern, wenn sie sich aus dem normalen Verlauf der Ereignisse ergibt."

Auszug aus dem Al-Anon-Faltblatt, in jeder AA-Kontaktstelle erhältlich.

auf diese Weise ihren Leidensdruck mildern, ihre Lebenssituationen besser bewältigen und ihre geistige Gesundheit wiedererlangen. Immer wieder berichten Al-Anon, dass sie durch neue Erkenntnisse neue Lebensformen für den täglichen Lebensweg erlernt und zu einer sinnvolleren Gestaltung des eigenen Lebens gefunden haben.

Andere Mitglieder besuchen die Gruppe nicht mehr, wenn sie merken, dass sie dem Alkoholiker nicht helfen können – sie erkennen leider nicht, dass sie zuerst selbst Hilfe brauchen, mit sich selbst zurecht kommen müssen, bevor sie anderen Hilfsmöglichkeiten aufzeigen können.

Noch weitaus hilfloser als die Erwachsenen sind die Kinder den schlimmen Situationen in der Familie ausgesetzt. Oft wollen sie helfen (siehe Seite 76), müssen aber erfahren, dass ihre Hilfe abgelehnt wird; dann fühlen sie sich als Versager. Sie haben Schwierigkeiten, sich in der Familie zu orientieren, wissen nicht, was „normales Verhalten" ist. Da sie sich meist für ihren trinkenden Elternteil sehr schämen, vereinsamen sie, lassen keine Freunde nach Hause kommen, vertrauen sich niemandem an.

Alateen ist Al-Anon für Jugendliche. Diese Selbsthilfegruppe folgt demselben Programm und kann ein entscheidendes Element in der Genesung der Familie sein. Alateen erfüllt die Bedürfnisse junger Menschen, deren Leben durch das Trinken eines anderen Menschen beeinträchtigt worden ist oder noch beeinträchtigt wird. Sie lernen, dass Alkoholismus eine Krankheit ist. Alateen hilft ihnen, eigenständige Persönlichkeiten zu werden. Indem sie versuchen, nach den *Zwölf Schritten* zu leben, finden sie einen neuen Anfang. Durch das Vertrauen auf eine „Höhere Macht", das sie vielleicht zum ersten Mal erfahren, finden sie Ausgeglichenheit und Orientierung.

Jede Alateen-Gruppe wird von einem erfahrenen, aktiven Al-Anon-Mitglied als Sponsor begleitet. Er leitet das Meeting und erklärt die *Zwölf Schritte* und die *Zwölf Traditionen*. Das Alter in den Gruppen liegt zwischen zwölf und zwanzig Jahren. Größere Alateen-Gruppen teilen sich nach Alter. Indem die Mitglieder gemeinsam Meetings planen, finden sie beieinander Trost und Anteilnahme. Teil einer verstehenden Gruppe zu sein, nimmt den Jugendlichen das Gefühl von Einsamkeit und Leere.

Viele tausend Alkoholiker haben bei den Anonymen Alkoholikern den Weg zur Nüchternheit gefunden – viele Ehepartner und Kinder haben in den Al-Anon- und Alateen-Familiengruppen gelernt, dass Alkoholismus eine Krankheit ist, haben Hilfe erfahren. Durch die veränderte Einstellung der Familienmitglieder zueinander konnte das Familienleben gesunden.

Wenn Kinder und Jugendliche trinken

"In der Nacht von Freitag auf Samstag war es besonders schlimm. Da ist die Kinderklinik des Uni-Klinikums aus allen Nähten geplatzt. Sogar 13-Jährige im Vollrausch sind dabei gewesen, die die Rettungskräfte vor allem in Privatwohnungen oder im Freien eingesammelt haben. Dass die Trinkerinnen und Trinker immer jünger werden, ist jedoch nicht nur während der Fastnachtstage zu beobachten, sondern an jedem beliebigen Wochenende ..."
Aussage eines Mitarbeiters von der Rettungsleitstelle des Freiburger Uni-Klinikums

Exzessiv Party feiern, Spaß haben – für immer mehr Kinder und Jugendliche endet dieses „Vergnügen" mit Vollrausch im Krankenhaus. Angesichts erschreckender Ausmaße von Binge-Drinking und Komasaufen fragen sich besorgte Eltern, Lehrer und Jugendbetreuer: Was ist los mit unseren Kindern?
In diesem Kapitel soll deshalb ein ebenso klarer wie umfassender Blick auf die Fakten sowie auf die inneren Beweggründe von Kindern und Jugendlichen zum exzessiven Trinken gegeben werden. Beides – die Kenntnis der Fakten und der Beweggründe – sind die Voraussetzung, um gefährdeten oder bereits alkoholabhängigen Kindern und Jugendlichen helfen zu können: im Elternhaus, in der Schule und in der Freizeit, denn Appelle allein bis hin zu massiver Werbung für den Jugendschutz reichen bei weitem nicht aus, wie politische Sonntagsredner immer wieder behaupten, aber leider von den Fakten widerlegt werden.
Das zeigen aktuelle Berichte in den Medien (siehe dazu im Folgenden als Beispiel den Auszug eines Berichts in der Stuttgarter Zeitung vom 30. Juli 2010).

Wie der Jugendschutz nach wie vor unterlaufen wird

❶ „Minderjährige Testkäufer (unter polizeilicher Aufsicht) haben im Rems-Murr-Kreis – und andernorts dürfte die Situation ähnlich sein – in Supermärkten und Tankstellenshops problemlos hochprozentigen Alkohol bekommen.

❷ Massiv ist in den vergangenen Monaten für den Jugendschutz geworben worden. In allen Supermärkten und an allen Tankstellen sind Hinweisschilder aufgehängt worden, dass Hochprozentiges nur an Erwachsene ausgegeben wird. Zudem ist das Verkaufspersonal entsprechend geschult worden und soll dies durch eine Unterschrift auch bestätigen – denn im Fall eines Verstoßes, so viel steht fest, muss der Verkäufer, der den Fehler gemacht hat, das Bußgeld bezahlen.

❸ Deshalb überrascht das Ergebnis aus dem Rems-Murr-Kreis, wo die ersten offiziellen Testkäufe von Polizei und Kommunen in der Region stattfanden, umso mehr. Fast die Hälfte der 28 Verkäufer hielten sich nicht an die gesetzlichen Bestimmungen – das ist ein fatales Resultat. In 13 Fällen war es für Minderjährige ganz einfach, an Alkohol zu kommen. Dabei fanden die Testkäufe noch nicht einmal in der Hauptverkaufszeit nach Feierabend statt, in der der Stress für das Personal am größten ist, sondern von 15 bis 18 Uhr.

❹ Ohne eine Kontrolle und ohne Sanktionen wird der Jugendschutz kaum durchzusetzen sein. Solange aber Minderjährige so problemlos an Schnaps und Wodka kommen, werden jugendliche Komasäufer und Alkoholvergiftungen an der Tagsordnung sein. Sicher ist auch, dass kein Gesetz diesen Alkoholmissbrauch verhindern kann, denn die Verlockungen des Verbotenen sind gerade für Jugendliche groß. Aber die immer noch steigende Zahl von Alkoholvergiftungen zeigt, dass Maßnahmen nötig sind. ‚Kampftrinken' kann eine vorübergehende Erscheinung sein – aber auch der Start in eine Suchtkarriere."
Auszug aus einem Bericht der Stuttgarter Zeitung vom 30. Juli 2010

Trinken, bis der Arzt kommt

Die Zahlen sind alarmierend. Nahezu 26 000 Kinder und Jugendliche zwischen zehn und 20 Jahren kamen im Jahr 2008 mit Alkoholvergiftungen ins Krankenhaus. In den letzten zehn Jahren haben sich in Deutschland diese Fälle von Alkoholvergiftungen fast verdreifacht, und in unseren Nachbarländern Österreich und Schweiz sieht es nicht viel anders aus.

Immer mehr Ärzte und Therapeuten schlagen deshalb Alarm, denn immerhin sind in Deutschland ca. 160 000 Kinder, Jugendliche und junge Erwachsene von Alkoholmissbrauch und -abhängigkeit betroffen. Zur besseren Veranschaulichung: Das sind nahezu so viele Kinder, Jugendliche und junge Erwachsene, wie Einwohner in Heidelberg leben.

Hinzu kommt, dass die schädliche Wirkung des Alkoholmissbrauchs bei Heranwachsenden noch viel größer ist als bei Erwachsenen. Außerdem – so die Erfahrung vieler Suchtexperten – setzt sich der sorglose Umgang mit der gesellschaftlich akzeptierten Droge Alkohol bei jungen Erwachsenen fort – u. a. mit Folgen wie diesen: Allein in Deutschland kommen jährlich mehr als 4000 Kinder mit schweren Behinderungen aufgrund einer Alkoholembryopathie zur Welt, 10 000 weisen leichtere Behinderungen auf. Alkohol als Droge werde nach wie vor verharmlost – so die Klage aller Suchtexperten –, und Kinder folgen dabei überwiegend dem Muster der Erwachsenen. Im Klartext: Wenn Eltern viel Alkohol trinken und rauchen, geht für die Kinder eine Suchtgefährdung vom Elternhaus aus, die nur schwer in den Griff zu bekommen ist.

Rita, gerade erst 15 geworden, wurde bisher beim Kauf von Hochprozentigem nie an der Kasse eines Supermarktes abgewiesen. „Ich habe immer alles gekriegt." Ihre gleichaltrigen und sogar noch jüngeren Freundinnen bestätigen diese Erfahrung, ebenso Jan, Simon, Fabian und Kevin. Jan sei nur einmal nach dem Alter gefragt worden. Da war er dreizehn. „Ich hab' gesagt, ich wär' 16, das hat der Verkäuferin gereicht." In Berlin hatte ein 16-Jähriger 52 Glas Tequila getrunken, lag über zwei Wochen im Koma und ist dann gestorben. Er nahm zum Komasaufen an einer so genannten „All you can drink"- oder „Flatrate-Party" teil, bei der völlig verantwortungslose Wirte zu einem Pauschalpreis Jugendlichen uneingeschränkt Alkohol ausschenken.

Die Beispiele könnten fortgesetzt werden, doch sie reichen aus, um zu zeigen, dass bessere, gezieltere Aufklärung aller Beteiligten, Vorbildfunktion der Eltern und größeres Verantwortungsbewusstsein des gesamten sozialen Umfelds von Kindern und Jugendlichen dringend geboten sind, denn es liegt weitaus mehr im Argen, als die meisten Menschen in unserer Gesellschaft wahrhaben wollen.

Über das exzessive Trinken und seine schlimmen Folgen hinaus wird das Problem häufig noch dadurch verschärft, dass Jugendliche mehr und mehr Saufen und Rauchen verbinden. Unglaublich, aber leider ebenfalls wahr: Nicht wenige Trinkerkarrieren begannen dort, wo man es gemeinhin am wenigsten vermutet: in Sportvereinen. Die Auskunft, die ich von einem Suchtexperten der Caritas erhielt, ist erschütternd (siehe Infobox auf Seite 89).

Was sich in Sportvereinen abspielt, trifft auch auf viele Eltern zu: Sie sind ahnungs-, rat- und hilflos. Das folgende Fallbeispiel einer alleinerziehenden Mutter führt die Rat- und Hilflosigkeit besonders drastisch vor Augen.

Eine verzweifelte Mutter und ihre alkoholkranken Söhne

Eine Mutter in einer Stadt im Rheinland hat zwei alkoholkranke Söhne. Sie berichtet selbst, was sie die letzten zwei Jahrzehnte erlebte:

„‚Wie lange machen Sie das schon?', fragte der Neurologe meinen damals 17-jährigen Sohn, den ich nach tagelangem Betteln zu einem Termin mit dem Arzt hatte schleifen können. Mein Sohn trank damals schon fast täglich Alkohol, dann kam es zu Vorfällen wie Sachbeschädigungen und Prügeleien. Er antwortete wahrheitsgemäß, dass er seit dem 16. Lebensjahr regelmäßig trinke und das von seinem Taschengeld bezahle.

Der Rausch im Sportverein

„Jugendliche lernen das Alkoholtrinken vor allem im Sportverein." Das sagt ein Suchtexperte bei der Caritas. Er wirft den Verantwortlichen – speziell ländlicher Sportvereine – vor, Jugendliche zum Trinken zu verführen und das Jugendschutzgesetz bezüglich der Alkoholabgabe an Jugendliche lasch zu handhaben.

Dabei beruft sich dieser Suchtexperte auf die Befragung von 60 000 Alkoholkranken und Alkoholgefährdeten, die jährlich die Suchtberatung der Caritas in Deutschland aufsuchen. Auf die Frage, wo Betroffene erstmals mit Alkohol in Berührung kämen, antwortete ein Großteil „im Sportverein", so der Caritas-Mitarbeiter. Zwar wolle er die Sportvereine nicht schlecht machen, die an sich einen positiven Beitrag zur Persönlichkeitsentwicklung bei Jugendlichen leisteten. Sie könnten in den Vereinen Niederlagen verarbeiten lernen, auch soziale Kompetenzen und Konfliktfähigkeit ausbauen. Gerade deshalb aber sei es wichtig, das Gemeinschaftserlebnis einer Mannschaft nicht mit Alkoholgenuss zu koppeln. „Vor allem Fußballmannschaften auf den Dörfern saufen nach dem Spiel gemeinsam in der Kneipe", meint der Suchtexperte und warnt vor dem Verhalten der Älteren, die eigentlich Vorbildfunktion haben sollten: „Wenn die Alten Bier trinken, gibt's bei den Jugendlichen keine Cola!" Selbst Jugendliche unter 16 Jahren würden im Sportverein vielfach Alkohol trinken. Und das, während die Zahl junger Alkoholabhängiger besorgniserregend steige. Die Caritas fordert deshalb eine strenge Einhaltung des Jugendschutzgesetzes, eine konsequente Trennung von Gemeinschaftserlebnissen und Alkohol, keine sportlichen Preise in Form von Alkohol und eine stärkere Verantwortung der Vereine für den „ganzen Menschen".

Der Arzt stellte fest, dass organisch alles in Ordnung sei, und wir konnten nach einer Standpauke wieder nach Hause. Doch das ist lange her ...
Ich sehe meine beiden ältesten Söhne noch vor mir – bildhübsch, sportlich, strotzend vor Energie. Sportler trinken nicht, hieß es doch. Beide wollten Profi-Fußballer werden. Sie waren beide bei Bobby Charlton in Manchester zur Sommer-Fußballschule.
Kurz danach zogen wir ins Rheinland. Mein Mann starb Anfang 1983. Ende des Jahres folgte die Karnevalszeit in einer typischen Kleinstadt in der Voreifel. Es wurde viel getrunken, geschunkelt, gesungen. An Weiberfastnacht kam ein Anruf des Direktors der Schule, in die meine Söhne seit Herbst 1983 gingen: ‚Einer Ihrer Söhne ist betrunken vom Stuhl gekippt.' Ich war entsetzt. In dieser Gegend würde an Weiberfastnacht doch jeder eine Flasche Schnaps in die Schule mitnehmen, sagten meine Söhne. Während der Auswärtsspiele der Jugendfußballmannschaft wurde oft ein Fässchen Bier mitgeführt. Der Trainer selbst schwankte einmal, als er die Kinder nach Hause brachte.
Die meisten Freunde meiner Söhne tranken auch viel Alkohol, aber sie fanden den Weg in ein ordentliches Berufsleben. Bei meinen Söhnen war das anders. Sie blieben unter der Theke liegen oder wurden volltrunken nach Hause geschafft. Der älteste schloss zwar seine Lehre ab, arbeitete ein paar Jahre und schaffte sogar die Umschulung zum Industriekaufmann. Dennoch verfiel er immer mehr dem Alkohol. Mein Leben wurde zur Hölle.
Zum ‚Glück' war mein ältester Sohn ruhig, torkelte ‚nur' mit vollgekoteten Hosen durchs Treppenhaus, verschwand in seinem Zimmer und legte sich ins Bett. Zum Schluss pinkelte er nachts grundsätzlich neben das Becken, aber er war wenigstens nicht aggressiv und laut wie sein jüngerer Bruder.
Manchmal kamen Anrufe aus Krankenhäusern, wenn dieser wieder einmal eingeliefert worden war, nachdem man ihn volltrunken irgendwo aufgefunden hatte. Oft war er schon aus der Klinik verschwunden, wenn ich ihn abholen wollte. Aber es gab für die Klinik keinen Grund, ihn festzuhalten. Viele Krankenschwestern glaubten wohl, ich sei eine Rabenmutter. Wirklich

helfen konnte oder wollte mir niemand. Bis heute weiß ich wenig über die Rechtslage. Mir wurde nur immer gesagt, dass jemand erst eine Gefahr für sich und andere werden müsse, bevor man ihn zwangseinweisen könne. Ich sprach beim Gesundheitsamt vor. Dort riet man mir, meine Söhne aus dem Haus zu werfen und etwas für mich zu tun. Doch das war leicht gesagt. Ich ging als alleinerziehende Mutter tagsüber arbeiten, nachts standen meine Söhne dann doch wieder betrunken vor der Tür. Ich hatte auch gar keine Kraft mehr, etwas zu ändern. Mein Vater meinte, man müsse mit den Jungs doch reden können, der Hausarzt sagte: ‚Na ja, sie müssen schließlich selber wissen, was sie tun'.

Und da war noch mein dritter Sohn, der jüngste. Zum Glück war er nicht alkoholkrank. Seit seinem sechsten Lebensjahr war er mit seinen trinkenden Brüdern konfrontiert und bis zum heutigen Tag akzeptiert er nicht, dass sie krank sind. Oft fragte ich mich, ob ich ihm nicht seine Kindheit genommen habe, weil ich seine Brüder nicht aus unserem Leben entfernte.

Dieses Leben wurde dann kurz vor Weihnachten etwas leichter, als sich mein Ältester zu einer Entgiftung und einer Langzeit-Therapie entschloss. Er hat wohl gemerkt, dass meine Kraft aufgebraucht war und ich bald das Haus verlassen hätte. Ich glaube fest daran, dass es Alkoholiker merken, wenn es die Angehörigen wirklich ernst meinen. Er ist seitdem trocken, hat eine nette Frau kennengelernt, und wir haben ein sehr gutes Verhältnis. Das Leben hat ihn im Moment wieder. Er sucht Arbeit als Industriekaufmann. Doch was soll er in seinem Lebenslauf über die verlorene Zeit schreiben?

Im August dieses Jahres wurde mein zweiter Sohn, den ich einen Tag zuvor wieder einmal vor die Tür gesetzt hatte, in der Stadt betrunken aufgefunden. Man brachte ihn mit 4,2 Promille nach Hause. Dort stürzte er die Treppe runter, blutete aus Nase und Mund. Der Notarzt kam, ein Rettungshubschrauber brachte ihn ins Aachener Klinikum. Der Ärztin dort teilte ich mit, dass er Alkoholiker sei und wie so oft sicher nachts aus dem Krankenhaus fliehen würde. Die Ärztin meinte, er würde sicher am nächsten Morgen ins Delirium fallen. Doch weit gefehlt: Am nächsten Tag war er wieder fit, und ich konnte ihn nachmittags abholen.

Ich war völlig am Ende und wollte ihn direkt in eine Entgiftung schicken, doch er lehnte ab. Hätte ich ihn nun wieder auf die Straße setzen sollen? Hätte man mich dann wegen unterlassener Hilfeleistung zur Rechenschaft gezogen? Keiner konnte mir dazu etwas sagen."

Riskante Konsumformen – klinisches Erscheinungsbild

„In Deutschland hat sich in den vergangenen Jahren das Einstiegsalter in den Konsum und Missbrauch legaler und illegaler psychoaktiver Substanzen in immer jüngere Altersgruppen verschoben. Bereits zu Beginn des neuen Jahrhunderts gab es zwischen den alten und neuen Bundesländern kaum noch einen Unterschied bei der Affinität zu unterschiedlichen Suchtmitteln. Riskante Konsumformen mit teilweise erheblichen gesundheitlichen Folgen haben bei Kindern und Jugendlichen in West und Ost gleichermaßen zugenommen. Heute gehören die Störungen durch psychotrope Substanzen in allen Industrienationen zu den epidemiologisch wichtigsten Störungen im Kindes- und Jugendalter überhaupt."

Prof. Dr. med. Rainer Thomasius, Ärztlicher Leiter des Deutschen Zentrums für Suchtfragen des Kindes- und Jugendalters am Universitätsklinikum Hamburg-Eppendorf

Klarheit statt Märchen, Verharmlosung und Unbekümmertheit

Das Suchen und Finden der eigenen Identität, sich zu überlegen, wer man ist, was man will und wie man das erreichen kann, erfordert Zeit, evtl. ein Ausprobieren verschiedener Alternativen und geht in der Pubertät mit der Übernahme der Geschlechtsrolle einher.

In der Pubertät haben Jugendliche eine Emanzipations-, Identitäts- und Sexualkrise zu bewältigen. Eltern, die nicht wegsehen, bemerken in dieser Zeit, dass sich das Verhalten ihres Kindes je nach Tagesform ändert. Heute ist es kritisch, morgen desinteressiert, mal werden geschlechtsspezifische Merkmale betont, z. B. durch enge Hosen, mal durch extra weite Kleidung kaschiert.

Während dieses Prozesses bilden sich ein eigenes Werte- und Normsystem sowie Kompetenzen aus, die mit viel Lust am Experimentieren einhergehen. Das Experimentieren mit bestimmten Rollenmustern, das Ausprobieren von Alkohol, Tabak und evtl. sogar anderen Suchtmitteln gehört dabei in einem gewissen Rahmen genauso dazu wie das Austesten von Grenzen in Familie, Schule und Beruf. Die Geduld der Eltern und des übrigen sozialen Umfelds wird dabei oft auf eine harte Probe gestellt: Emotionale Entladungen, unzuverlässige Aussagen, Lügen, selbst Konflikte mit dem Gesetz sind keine Seltenheit.

In diesem Lebensabschnitt der Adoleszenz Alkohol zu trinken, bedeutet für immer mehr Jugendliche, Spaß zu haben und zu genießen. Außerdem vermittelt sein Gebrauch dem Heranwachsenden das Gefühl, erwachsen zu sein. Unter Alkoholeinfluss fällt es leicht, Kontakt zum anderen Geschlecht aufzunehmen, und die Cliquenzugehörigkeit wird mit gemeinsamem Trinken gefestigt. Und wie die Großen machen es auch die Jungen: Ein Gläschen Alkohol gehört bei vielen Veranstaltungen zum so genannten guten Ton und ist ein soziales Ritual, geprägt von Erwachsenen.

Heranwachsende schwanken in der Pubertät in ihrem Selbstbild oft zwischen Selbstherrlichkeit und großen Selbstzweifeln, wie wir doch alle aus eigener Erfahrung wissen. Selbst kleinere Probleme stellen sich vielen schnell als große Krise dar, für die sie eine rasche Lösung suchen. Da bietet sich Alkohol als Problemlöser an: Er verleiht Coolness, stundenweise Sicherheit und ist zugleich Weichzeichner für Sorgen und Nöte.

„Komasaufen", „Flatrate-Trinken", „Kampftrinken" – schon die Namen, die fast täglich durch die Medien geistern, sind besorgniserregend.

Was Jugendliche vom Alkohol erwarten

Die folgenden Erwartungen gelten für Jugendliche beiderlei Geschlechts:

❶ Jeder *Zweite* findet, dass Alkohol für Spaß und gute Stimmung sorgt, wenn man mit anderen zusammen ist, und dass man kontaktfreudiger wird und entspannt.

❷ Jeder *Dritte* meint, dass Alkohol in Maßen die Gesundheit fördert, lockerer macht und hilft, Probleme zu vergessen.

❸ Für jeden *Fünften* gehört Alkohol dazu, wenn man das Leben genießen will.

❹ Jeder *Zehnte* meint, dass ein oder zwei Gläser Alkohol helfen, wenn man deprimiert ist.

❺ Immer mehr Jugendliche, die sich von ihren Eltern im Stich gelassen fühlen und / oder für sich keine Zukunftsperspektive sehen, vertreiben sich mit Alkohol Frust und Langeweile.

Dieses Verhalten und diese Erwartungen beruhen auf einer repräsentativen Umfrage des Deutschen Zentrums für Suchtfragen des Kindes- und Jugendalters.

Gemeint ist eine gefährliche Art des Alkoholkonsums, der bei Kindern und Jugendlichen zunehmend beliebter geworden und entsprechend rapide gestiegen ist. In den letzten zehn Jahren ist die gefährliche Form des Alkoholkonsums um das fast Dreifache gestiegen. Mit diesem „Rauschtrinken" oder dem englischen Begriff „Binge-Drinking" ist ein starker Alkoholkonsum in kurzer Zeit gemeint, konkret: Wenn Mädchen vier, Jungen fünf Standardeinheiten Alkohol zu sich nehmen, dann sind das vier bzw. fünf Gläser Bier, vier bzw. fünf Gläser Wein oder vier bzw. fünf Likörgläser Schnaps, und zwar in ca. zwei Stunden. Dabei geht es nicht um ein erstes Ausprobieren des Genuss- und Suchtmittels Alkohol in versehentlich zu hoher Dosierung, sondern um wiederholtes, absichtliches und damit bewusstes Zuführen von Alkohol in großen Mengen. Binge-Drinking ist ein gefährlicher Zeitvertreib, den hierzulande ein Drittel der 16- bis 17-jährigen Jungen betreiben. Dieser besorgniserregende Wert liegt in Europa an der Spitze. Bei den gleichaltrigen Mädchen sind es mehr als ein Drittel, die mindestens einmal im Monat exzessiv trinken. Selbst von den Jüngeren praktiziert jeder Fünfte einmal im Monat Binge-Drinking. Eltern, die ihrer Verantwortung genügen und nicht wegsehen, sollten eigentlich wissen, dass es damit recht wahrscheinlich ist, dass auch ihr jüngeres Kind jemanden kennt, der schon mal exzessiv Alkohol getrunken hat, oder dass ihr etwas älteres Kind schon seinen ersten Vollrausch erlebt hat.

Große öffentliche Trinkgelage finden nicht nur bei uns statt, sondern werden auch in anderen Ländern praktiziert – ob im Rahmen des Spring Breaks in den USA – eine Woche exzessive Studentenparty an den Stränden Floridas und Mexikos –, Sangria-Partys auf Mallorca oder als traditionelle Botellónes, mit bis zu zehntausenden Menschen in den warmen Regionen Spaniens. Jeder Jugendliche bringt dazu seinen Alkohol flaschenweise selbst mit, den er wie bei uns problemlos beim Discounter erhält, um so auch die hohen Alkoholpreise in Kneipen und Bars zu umgehen.

Auch wir kennen in Deutschland und in unseren Nachbarländern Österreich und Schweiz ähnliche Praktiken, wenn auch als „Parkplatz-Partys" in einem etwas anderen Maßstab. Doch das gemeinsame „Vorglühen" mit Alkoholika aus dem Supermarkt oder aus der Tankstelle nebenan vor dem Besuch einer Kneipe mit höheren Preisen oder dem Besuch einer Party am späteren Abend ist auch hier an der Tagesordnung.

Eine andere Form des exzessiven Trinkens ist der Kisten- oder Kastenlauf. Andere Bezeichnungen sind Harassenlauf – vor allem in der Schweiz –, „Bierathlon" oder „Biermarathon". Dabei wird von einem Team, meist nur aus zwei Leuten bestehend, eine bestimmte Strecke zurückgelegt und dabei ein Kasten Bier geleert. Die euphemistisch klingenden Begrifflichkeiten „Team", „Lauf", „Marathon" usw. lassen an Sport denken und nicht an eine gefährliche

Form exzessiven Trinkens. Fragt man Jugendliche, warum sie Binge-Drinking betreiben, gibt es eine große Gruppe, die sich aufregende Erlebnisse, Spaß und Sozialkontakte – und damit einhergehend sexuelle Erlebnisse – erhofft, eine zweite Gruppe, die so Stress bewältigen und Spannung reduzieren will und negative Gefühle mit Alkohol behandelt. Über die vielen negativen Auswirkungen des immensen Alkoholkonsums wird von den meisten erst mal nicht nachgedacht.

Folgen exzessiven Trinkens

Neben einer Alkoholvergiftung mit Krankenhauseinlieferung unter oft dramatisch hohen Promillespiegeln, die selbst nach der Ausnüchterung den Betroffenen erschrecken, sind weitreichende körperliche und soziale Schäden bei häufigerem starken Binge-Drinking möglich (siehe dazu auch die Informationen zum Thema „Was sich im Jugendalter durch erhöhten Alkoholkonsum im Gehirn abspielt" auf neben stehender Infobox S. 97).

Das Risiko, in einen Verkehrsunfall verwickelt zu werden, steigt stark an, wenn man alkoholisiert Fahrrad mit oder ohne Helm oder Auto fährt oder aber bei einem alkoholisierten Fahrer im Auto mitfährt.

Die Kombination von Binge-Drinking mit einem Lebensereignis, das Jugendliche subjektiv in ihrer Phase des Erwachsenwerdens besonders belastet, erhöht das Risiko für einen Selbstmordversuch.

Eine weitere Folge exzessiven Trinkens: Sexuelle Handlungen treten früher und mit häufig wechselnden Partnern auf. Mädchen, die exzessiv trinken, haben ein dreifach erhöhtes Risiko, Opfer eines sexuellen Übergriffs zu werden. Ungewollte Schwangerschaften und Geschlechtskrankheiten treten eher auf.

Und nicht zuletzt: Wiederholtes exzessives Trinken erhöht das Risiko deutlich, eine Abhängigkeit zu entwickeln – je früher mit dem Binge-Drinking begonnen wird, desto eher kann eine Abhängigkeit entstehen.

Was sich im Jugendalter durch erhöhten Alkoholkonsum im Gehirn abspielt

Dazu sagt Prof. Dr. med. Rainer Thomasius, Experte und Ärztlicher Leiter des Deutschen Zentrums für Suchtfragen des Kindes -und Jugendalters in Hamburg:

„Übermäßiger Alkoholkonsum im Jugendalter verringert das Volumen in manchen Gehirnbereichen – je mehr Alkohol getrunken wird, desto deutlicher ist der Schwund. Woher wir das wissen? Moderne Untersuchungsmethoden wie die Magnetresonanztomografie (MRT) und die Positronenemissionstomografie (PET) erlauben uns eine detaillierte Darstellung des Hirngewebes, und zwar nicht nur als starre Aufnahme wie bei einem Foto, sondern auch in Funktion wie bei einem Video. So konnten wir und andere Forschungsgruppen z. B. zeigen, dass sich beim Binge-Drinking die Hirnsubstanz, vor allem im Bereich der Hirnrinde, zurückbildet und das Belohnungszentrum aktiviert wird.

In der Pubertät reifen manche Gehirnregionen besonders stark, gekennzeichnet durch verschiedene Ab- und Aufbauprozesse von Nervenzellen und Botenstoffen. Besonders betroffen sind Areale, die eng mit der Motivation oder Verhaltensweisen wie Impulsivität zusammenhängen, sowie das so genannte Suchtgedächtnis (Wohlbefindlichkeitssystem), das bei der Abhängigkeitsentwicklung eine wichtige Rolle spielt: Es ordnet die Reize, die durch Alkohol – und andere Substanzen wie Cannabis – vermittelt werden und gleicht sie mit bekannten Reizmustern in anderen Hirnregionen ab. Es schaltet sich schon beim Erinnern an bereits erlebte Räusche, Rituale, z. B. das Einkaufen des Alkohols, oder sogar Gerüche ein und schürt bereits die Vorfreude; im Anschluss sorgt es dafür, dass die Rauschwirkung der Substanzen auch noch geraume Zeit nach ihrer Einnahme anhält, und beeinflusst damit auch die Toleranzentwicklung.

Je jünger die Konsumenten sind, desto ausgeprägter sind damit auch die krankmachenden Auswirkungen psychoaktiver Substanzen. Schließlich ist das Gehirn in der Pubertät besonders empfindlich und die Hirnreifung erst im jungen Erwachsenenalter abgeschlossen."

Wie Eltern, Lehrer, Jugendbetreuer und Trainer in Sportvereinen Kindern und Jugendlichen helfen können

Die Rolle der Eltern

Wie bereits zu Beginn dieses Kapitels anklang, ist die Rolle der Eltern besonders wichtig, denn sie sind Vorbild, Wissensvermittler und Förderer der kindlichen Stärke. Schutzfaktoren, die dem Kind helfen, mit Alkohol verantwortungsbewusst umzugehen, sind eine stabile Psyche und ein gesundes Selbstwertgefühl, ein Elternhaus, in dem nicht nur ein risikoarmes Trinkverhalten praktiziert wird, sondern in dem auch Konflikte konstruktiv ausgetragen werden, in dem jedes Familienmitglied mit Aufmerksamkeit, Respekt und Liebe bedacht wird und in dem Eltern Kinder Grenzen setzen und durchsetzen.

Fehlen diese Schutzfaktoren, ist das Kind stärker gefährdet, einen Alkoholmissbrauch bzw. eine Alkoholabhängigkeit zu entwickeln.

Weitere Risikofaktoren sind ein früher Konsumbeginn, ein niedriger sozioökonomischer Status, häufiges Binge-Drinking bzw. excessives Trinken in der Clique, die leichte Beschaffbarkeit von Alkohol, z. B. durch eine größere Menge an verfügbarem Taschengeld und die Verantwortungslosigkeit von Leuten, die nach wie vor den Jugendschutz massiv unterlaufen, oder wenn Trinken vorrangig als Bewältigungsstrategie für emotionale Probleme eingesetzt wird. Auch bestimmte Persönlichkeitsstrukturen, die mit erhöhter Impulsivität und Neugier gekoppelt sind und vorhandene Verhaltensauffälligkeiten z. B. infolge eines unbehandelten Aufmerksamkeitsdefizit-Hyperaktivitätssyndroms (ADHS) erhöhen das Risiko.

Im Gespräch mit ihren Kindern können daher folgende Argumente der Eltern *sehr hilfreich* sein. Diese Argumente haben bei Kindern Überzeugungskraft, und damit lassen sich auch Gründe klar benennen, weshalb es sinnvoll ist, mit Alkohol verantwortungsbewusst umzugehen.

Argumente, die Kinder überzeugen können:

- Alkohol und die Idealfigur mögen sich überhaupt nicht: Jedes Gramm Alkohol enthält sieben Kilokalorien, das ist fast doppelt so viel wie ein Gramm Zucker. Oder anders ausgedrückt: Ein Glas Bier enthält etwa 110 Kilokalorien – das entspricht einem Stück Würfelzucker –, ein Glas Wein schlägt mit 80 bis 100 Kilokalorien und ein Glas Schnaps mit 70 Kilokalorien zu Buche. Überschüssige Kalorien werden im Körper als Fett eingelagert, dessen Abbau durch den Alkohol zusätzlich gehemmt wird; die Folge: Speck am Bauch, an den Oberschenkeln und Hüften. Dieses Argument dürfte vor allem Mädchen überzeugen.
- Alkohol schmälert die Gehirnleistung – nicht nur im akuten Rausch, sondern auch bei ständigem Trinken. Vier bis fünf Jahre Dauerbesäufnisse an den Wochenenden oder täglich drei Gläser Alkohol können sogar bei Erwachsenen zum Schrumpfen der Hirnmasse führen – hohl im Kopf statt besonders fit. Die Werte für Jugendliche liegen weit darunter.
- Der Körper muss ganz schön schuften, um die Giftstoffe des Alkohols von den Zellen fern zu halten – besonders die Leber ist im Dauerstress. Erst verfettet sie, auf Dauer macht sie schlapp. Zudem schädigt der Alkohol andere Organe, wie Gehirn, Herz und Blutgefäße oder verursacht Krebs.
- Alkohol erweitert die Blutgefäße. Dadurch muss das Herz mehr pumpen, und die Muskeln erhalten – besonders bei körperlicher Belastung – nicht mehr ausreichend Sauerstoff. Daneben werden Pulsschlag und Atmung hochgefahren, mit der Kondition geht es damit abwärts. Außerdem verringert Alkohol die Konzentration und Koordination, senkt das Schmerzempfinden und erhöht die Risikobereitschaft – eine gefährliche Kombination, die die Verletzungsgefahr stark erhöht.
- Alkohol macht unsexy. Alkohol verringert den Testosteronspiegel beim Mann – das Aus für Erektion und Orgasmus; bei langjährigem Alkoholkonsum auch dauerhaft. Alkohol verringert auch das Urteilsvermögen: Man landet dann

schon mal mit jemandem im Bett, an den man sich am anderen Morgen lieber nicht erinnern will (oder kann). Und hatte dann vielleicht ungeschützten Sex und nimmt mit einer sexuell übertragenen Erkrankung wie Aids eine schlimme Folge auf den weiteren Lebensweg mit. Schließlich nicht zu vergessen: Alkohol in der Schwangerschaft schädigt das Ungeborene (siehe Seite 87).

Die Rolle der Lehrer und sonstigen Betreuer

Da Kinder und Jugendliche einen großen Teil ihrer Zeit in der Schule verbringen, ist es wünschenswert und sinnvoll, dass Präventionsprogramme – wenn möglich – bereits in der Grundschule beginnen und in den Sekundarstufen I und II fortgeführt werden. Sie sollten mit einem klassen- und schulformübergreifenden Kurskonzept versehen sein und flächendeckend angewendet bzw. in Schulprogramme und Lehrpläne integriert werden. Leider sind zu viele Lehrer davon noch weit entfernt, obwohl es bereits einige Präventionsprogramme auch für Schulen gibt (siehe dazu im Serviceteil Seite 121). Häufig wird nicht vorbeugend agiert, sondern erst aus konkretem Anlass und dann meist ungezielt reagiert. Die Effekte solcher vereinzelter Aktionismen sind allerdings mehr als fraglich.

Hier könnte ein Programm sehr hilfreich sein, auf das mich Professor Lothar Schmidt aufmerksam gemacht hat und das er im Folgenden auch selbst vorstellt und empfiehlt.

Das wegweisende Programm "Lieber schlau als blau"
vorgestellt und empfohlen von Prof. Dr. med. Lothar Schmidt

Das Präventionsprogramm *Lieber schlau als blau* ist unmittelbar darauf gerichtet, das Binge-Drinking von Jugendlichen zu reduzieren. Es geht darum, den zentralen Irrtum von Jugendlichen „je mehr Alkohol, desto besser" durch konkrete Lernerfahrung zu korrigieren und stattdessen drei Aspekte eines risikoarmen Umgangs mit Alkohol zu verinnerlichen:

Trinkmenge: maximal ein Glas (weiblich) bzw. zwei Gläser (männlich) – in einer Trinksituation. Mädchen grundsätzlich nur halb so viel Alkohol wie die mittrinkenden Jungen.

Trinkort / Trinksituation: kein Alkohol im Straßenverkehr, im Zusammenhang mit Sport und Sex, am Abend vor Klassenarbeiten und Prüfungen sowie am Arbeitsplatz.

Notfallplan: nicht bei alkoholisierten Fahrern ins Auto steigen. Hilfe bei Alkoholvergiftung holen.

Im Mittelpunkt von *Lieber schlau als blau* steht ein Trinkexperiment, in dem Jugendliche unter sicheren Rahmenbedingungen die Möglichkeit haben, in der Peergruppe konkrete Erfahrung zu machen, wie man „richtig" trinkt. *Lieber schlau als blau* vermeidet dadurch jede aversive Besserwisserei durch Erwachsene. Vielmehr versucht es die Jugendlichen in ihrer Peergruppe anzuleiten, einen risikoarmen und verantwortungsvollen Umgang mit Alkohol zu entwickeln. Jugendliche orientieren sich vorrangig an den vermeintlichen Normen innerhalb einer Peergruppe. Ein zentrales Element von *Lieber schlau als blau* stellt die wiederholte Rückmeldung zur relativen Position des eigenen Alkoholkonsums innerhalb der Peergruppe dar. Insbesondere Vieltrinker mit Alkoholexzessen sollen erfahren, dass sie zu einer Minderheit gehören, die erheblich von der Norm der Mehrheit aller Jugendlichen abweicht. Um die Akzeptanz und die Wirksamkeit von *Lieber schlau als blau* überprüfen zu können, wurde eine Website eingerichtet (www.salus-praevention.de), auf der sich alle Auswertungsprogramme des Programms zur kostenlosen Nutzung befinden.

Integraler Bestandteil des Programms ist eine Kurzerhebung des Umgangs der Jugendlichen mit Alkohol: unmittelbar vor Teilnahmebegin sowie drei und sechs Monate nach der Teilnahme. Um jeweils verlässliche und aktuelle Vergleichsdaten hinsichtlich der Durchführung und der Effektivität von *Lie-

ber schlau als blau erhalten zu können, werden die Anwender gebeten, die Daten ihrer Teilnehmer in anonymisierter Form auf der Website einzugeben. Hierdurch entsteht ein virtuelles Netzwerk aller Anwender des Programms.

Dieses Programm wird generell – sogar von Politikern – befürwortet, die sich seine Anwendung in Schulen, Jugendclubs und durch Erzieher wünschen.

Im Land Brandenburg ist *Lieber schlau als blau* bereits wichtiger Teil des Programms *Verantwortlicher Umgang mit Alkohol* und wird vom Ministerium für Arbeit, Soziales, Gesundheit und Familie finanziert.

Das Programm *Lieber schlau als blau* im Einzelnen:

Elternversammlung: Den Eltern wird das Programm ausführlich dargestellt. Die Teilnehmer benötigen eine schriftliche Einverständniserklärung der Eltern.

Vorbereitung: Die Teilnehmer füllen einen Fragebogen zu ihrem bisherigen Umgang mit Alkohol aus und bereiten das Trinkexperiment vor. Festlegung der beabsichtigten Trinkmenge, erwarteter Promillewert, erwartete Wirkung (Stimmung, Konzentrationsfähigkeit).

Trinkexperiment: Die Teilnehmer trinken in einem geschützten Rahmen Alkohol. Sie messen ihren dadurch erreichten Blutalkoholspiegel, überprüfen die Auswirkung des Alkohols auf ihre Konzentrationsfähigkeit, ihre Stimmung und ihr Sozialverhalten. Sie vergleichen die tatsächlichen Alkoholeffekte mit ihren Erwartungen.

Erste Trainingseinheit „Wie gut war ich?": Auswertung der gemachten Alkoholerfahrungen. Die Teilnehmer bekommen hierbei in Form eines Punktwertes konkrete Rückmeldung, ob sie im Umgang mit Alkohol bereits als Profi – risikoarmer Konsum – oder noch als Anfänger – riskanter Konsum – einzuschätzen sind.

Zweite Trainingseinheit „Trinknormen in der Pergruppe": Entwicklung von eigenen, geschlechtsspezifischen Trinknormen in der Pergruppe – z. B. „Schätzen Mädchen den Alkoholkonsum bei Jungen?", „schätzen Jungen den Alkoholkonsum bei Mädchen?".

Dritte Trainingseinheit „Notfallplan": Erarbeiten von Vorsichtsmaßnahmen für kritische Trinksituationen, z. B. „wie lehne ich Trinkangebote ab?", „wie verhalte ich mich, wenn andere zu viel trinken?"

Hausaufgaben: Zwischen den Trainingseinheiten erhalten die Teilnehmer „Hausaufgaben", um die erhaltenen Informationen auf die eigene Person zu übertragen und schließlich für sich selbst verbindliche Normen beim künftigen Umgang mit Alkohol zu entwickeln.

Die Rolle der Trainer, Übungsleiter und Betreuer in Sportvereinen

Trainer und Leiter von Jugendgruppen haben eine verantwortungsvolle Aufgabe. Sie müssen nicht nur die direkten Aktivitäten, für die sie primär ausgebildet sind, vermitteln und die jungen Menschen entsprechend fordern und fördern, sondern sie dienen auch als Vorbild für Verhalten und Werte, als Ansprechpartner bei Problemen, Vermittler bei Konflikten und als Infobörse.

Eine Analyse hat gezeigt, dass zwar die Häufigkeit sportlicher Betätigung den Konsum von Alkohol und Drogen mindert, diese aber dafür mit der Dauer der Vereinszugehörigkeit wiederum ansteigt. Damit sind die Sportvereine doppelt gefordert: Sie sollten Alkoholkonsum, der in der Gruppe „automatisch" ansteigt, wahrnehmen und diesem massiv entgegenwirken. Und im Idealfall sollten sie schon vorab Maßnahmen zur Suchtvorbeugung ergreifen, damit der Pegel gar nicht erst ansteigt. Wie dies gelingen kann, darüber berichtet eindrucksvoll ein Jugendtrainer, den ich zur Alkoholproblematik in Sportvereinen befragt habe.

Interview mit einem Jugend-Handballtrainer

Dieser Jugendtrainer, von dessen Engagement ich in der Tagespresse las und der dort auch ein Interview gab, ist Jugendtrainer in einem Handballverein und hat drei Veranstaltungen zum Thema „Die Rolle der Vorbildfunktion in der Suchtprävention" organisiert, bei denen es vor allem um den Alkoholkonsum vor, während und nach Sportveranstaltungen geht. Er hat im Rahmen dieses Interviews folgende Fragen zu seinem Projekt beantwortet:

Frage: Vergangene Woche fuhr ein bekannter Sportler mit erhöhten Promillewerten Auto, richtete erheblichen Schaden an und beging zu allem Überfluss auch noch Unfallflucht. Kann er jetzt noch als Vorbild dienen?

Trainer: Ein Makel wird haften bleiben, seine Vorbildfunktion ist eingeschränkt. Das Positive ist: Dieser Sportler hat sich dazu bekannt, dass er „Mist gebaut" hat.

Frage: Was hat für Sie, was für Ihren Verein, den Ausschlag gegeben, sich des Themas „Sport, Alkohol und Drogen" anzunehmen?

Trainer: Das Schlüsselerlebnis für mich war ein Jugend-Handballturnier, als eine Spielerin mit einer Alkoholvergiftung ins Krankenhaus eingeliefert wurde. Das war schon krass. Als ich in unserem Verein vorstellig wurde, zu diesem Komplex etwas auf die Beine stellen zu wollen, wurde sofort Bereitschaft zum Mitmachen signalisiert.

Frage: Sind Übungsleiter denn ausreichend sensibilisiert? Ist es nicht vielmehr so, dass Trainer und Betreuer es tolerieren und manchmal sogar als besondere Leistung herausstreichen, wenn Jugendliche Alkohol konsumieren?

Trainer: Meines Erachtens werden Jugendliche im Verein oft zum Trinken von Alkohol animiert. In meiner Zeit als Jugend-Handballer konnte ich immer wieder den Satz hören: „Ein richtiger Mann bist du erst, wenn du mal betrunken warst." Ich habe es auch immer wieder erlebt, dass Jugendliche geprahlt haben, nach dem Motto: Ich stand heute mit einer „Feile" im Gesicht auf dem Spielfeld und habe trotzdem sehr viele Tore geworfen.

Frage: Wird das Problem in Sportvereinen, vielleicht mehr als in anderen Organisationen, verharmlost, weil nach gängiger Meinung Sport und Drogen meilenweit voneinander entfernt sind?

Trainer: Ja, das glaube ich. Oft wird die Behauptung aufgestellt, das Problem gebe es gewiss, „aber nicht in unserem Verein". Vielleicht ist die Gedankenlosigkeit zu groß. Wenn zum Beispiel D-Jugendspieler nach einem Sieg aus dem Humpen Spezi trinken, steht das Ritual vor dem Inhalt. Wenn aus den

D-Jugendlichen B-Jugendliche geworden sind, dann ist der Humpen in vielen Vereinen mit Bier gefüllt.

Frage: Sportübertragungen, Sportveranstaltungen und Sportvereine werden masssiv von Firmen beworben, die alkoholische Produkte herstellen. Gibt es in den Clubs ein Bewusstsein, dass Werbung für solche Produkte mit den Zielsetzungen von Sportvereinen nichts zu tun haben, oder herrscht die Raffke-Mentalität: Wir nehmen jeden Sponsor, Hauptsache er bringt uns Geld?

Trainer: Vereine sind in erster Linie froh, wenn sie überhaupt Sponsoren finden. Doch je höher die Spielklasse, desto größer muss die Vorbildfunktion sein. Bei einer Fragebogenaktion unter Mitgliedern und Zuschauern unseres Vereins erklärten 80 Prozent, dass sie für unsere Spieler Vorbilder seien. Die Hälfte der Leute beschränkte das auf die sportliche Seite, die andere Hälfte schloss jedoch auch die gesellschaftliche Seite mit ein. Bei den Jugendlichen lag der Prozentsatz, die in einem Spieler sowohl sportlich als auch gesellschaftlich ein Vorbild sehen, bei fast 100 Prozent.

Frage: Wann würden Sie sagen, Ihr Projekt mit Seminaren und einem Aktionstag sei erfolgreich verlaufen?

Trainer: Wenn es viele Nachfolgeveranstaltungen gäbe und ein neues Bewusstsein geschaffen würde. Mir ist klar, dass durch das Projekt nicht die Welt verändert wird. Wenn aber zum Beispiel einige Vereine bei Jugendturnieren in Zukunft keinen Alkohol mehr ausschenken würden, dann wäre das sicher ein guter Schritt in die richtige Richtung."

Leider sind noch viel zu viele Vereine, Übungsleiter und Trainer von so viel Verantwortungsbewusstsein und Engagement, wie es dieser Jugendtrainer zeigt, weit entfernt. Dass vor allem Trainer ihr protektives Potenzial nicht oder nur unzureichend nutzen, belegt der Autor Thomas Fritz in seiner umfassenden wissenschaftlichen Arbeit mit dem Titel „Stark durch Sport – stark durch Alkohol?", in der er seinen Blick besonders auf Fußballvereine gerichtet hat. Er führt in seiner Ergebnisanalyse u. a. aus:

„... Kritisch ist anzumerken, dass die verantwortlichen Trainer ihr protektives Potenzial nicht konsequent nutzen. Denn 47 Prozent aller befragten Fußballspieler trinken Alkohol auch im Fußballverein. Der Umgang mit Alkohol im Sportverein ist demnach keineswegs unüblich. Offenbar halten sich Trainer zwar an die gesetzliche Vorgabe des Jugendschutzgesetzes; haben Heranwachsende jedoch erst einmal das 16. Lebensjahr erreicht, vertreten sie in den meisten Fällen keinen klaren Standpunkt.

... Einen weiteren wichtigen Mechanismus im Hinblick auf den Alkoholkonsum stellt die soziale Integration im Fußballverein dar. Dieser Zusammenhang ist deshalb besonders zu beachten, weil durch die Förderung sozialer Integration der Praxis eines exzessiven Alkoholkonsums entgegengewirkt werden kann. Sportvereine sollten sich daher die soziale Integration noch stärker als bisher zur Aufgabe machen.

... Generell sollte bei der Konzeption suchtpräventiver Maßnahmen unterschieden werden, ob das primäre Ziel darin besteht, den Umgang mit Alkohol im Sportverein zu verändern oder ob es darüber hinaus darum geht, alkoholbezogene Praxen allgemein zu reduzieren. Das erste Ziel ist vermutlich einfacher zu realisieren. Mit der Kooperation des Deutschen Fußball-Bunds (DFB) und der Bundeszentrale für gesundheitliche Aufklärung (BZgA) wurde bereits ein Schritt in diese Richtung getan. Die Suchtprävention sowie die Stärkung der sozialen Kompetenz zukünftig verbindlich innerhalb der Trainerausbildung des DFB zu verankern, ist vor dem Hintergrund der eigenen empirischen Ergebnisse dringend geboten ..."

Zusammengefasst lässt sich zu *Präventionsmaßnahmen in Sportvereinen* sagen: Wenn Jugendliche meinen, zur Stärkung ihres Selbstbewusstseins und ihrer Außenwirkung vor allem in der Pubertät Alkohol einsetzen zu müssen, muss es Aufgabe der Prävention sein, Jugendlichen alternative Wege aufzuzeigen, ein persönliches und gruppentaugliches Selbstbild aufzubauen. Hier hat der Sport eine große Chance, durch Förderung individueller Fähigkeiten nicht nur sportlicher Art, durch Integration von Außenseitern, durch Lob und Anerkennung und durch das Angebot herausfordernder Aufgaben die Persönlichkeitsentwicklung intensiv zu fördern. Das muss nicht immer ein sportlicher Erfolg sein. Es kann auch eine große Verantwortung sozialer Natur wie z. B. eine Gruppenleitung oder dergleichen sein. Neben dieser gezielten Unterstützung durch das sportlich-soziale Angebot sollten alle Trainer und Übungsleiter als Persönlichkeiten klare Orientierung geben und Werte prägen wie Fairplay, absolute Ehrlichkeit und damit verbunden über die Alkoholabstinenz hinaus auch der Verzicht auf Einsatz unerlaubter, leistungssteigernder Mittel (Doping).

Jugendliche suchen in der Pubertät verstärkt ihre Vorbilder außerhalb der Familie. Engagierte Übungsleiter, Trainer, Jugendbetreuer und Jugendleiter bieten diese. Von ihnen übernehmen die Jugendlichen den ganzen Verhaltenskatalog – auch den nicht positiven Teil. Es bedarf deshalb kaum des Hinweises, wie wichtig die Vorbildfunktion gerade dieser Persönlichkeiten ist! Im Folgenden *zehn Empfehlungen* zum vorbildlichen Umgang mit Alkohol und Nikotin im Sportverein und in Jugendgruppen:

- *Die eigene Vorbildfunktion immer im Blick*

Sorgen Sie dafür, dass bei geselligen Veranstaltungen, an denen Kinder und Jugendliche teilnehmen, in den Räumen weder Alkohol getrunken noch geraucht wird. Rauchen Sie persönlich grundsätzlich nicht in Gegenwart von Kindern und Jugendlichen. Bei Jugendmannschaftssitzungen oder Jugendgruppentreffen sowie bei der Betreuung von Sportveranstaltungen, Jugendfeiern trinken Sie selbst keinen Alkohol. Bei sonstigen geselligen Veranstaltungen im Verein trinken Sie selbst nur mäßig oder gar keinen Alkohol.

- *Keine Aufforderung oder Ermunterung zum Alkoholgenuss*

Sorgen Sie dafür, dass immer ausreichend alkoholfreie Getränke vorhanden sind. Laden Sie Kinder und Jugendliche grundsätzlich nie zu einem Glas Bier, Wein oder gar Schnaps ein. Bieten Sie stattdessen ein nicht-alkoholisches Getränk an.

- *Kein Gruppenzwang zum Alkoholgenuss*
Heben Sie hervor, dass Erwachsensein, persönliche Stärke usw. nichts mit Alkohol und Rauchen zu tun haben. Sorgen Sie dafür, dass Kinder und Jugendliche, die Alkohol und Nikotin klar ablehnen, in Ihrer Gruppe bzw. in Ihrer Mannschaft Anerkennung finden.

- *Kein Alkohol als Programmersatz*
Schon bei der Planung geselliger Veranstaltungen sollten Sie dafür Sorge tragen, dass sich die Kinder und Jugendlichen nicht langweilen. Zu oft wird bei solchen Veranstaltungen aus Langeweile getrunken und geraucht.

- *Kein Alkohol als Trost oder Belohnung nach dem Wettkampf*
Nach einem anstrengenden Wettkampf schmeckt ein alkoholfreies erfrischendes Getränk ohnehin besser als Bier oder das Radler. Weder ein Sieg noch eine Niederlage sollten mit dem berühmten Kasten Bier begossen werden!

- *Keine Wetten und Spiele um Alkohol und Zigaretten*
Oft werden zum Abschluss des Trainings oder einer Gruppenstunde noch kleine, spaßige Wettkämpfe oder Spiele durchgeführt. Achten Sie darauf, dass hier nicht um Alkohol oder Zigaretten gespielt wird.

- *Keine Anregungen zu Alkoholkonsum durch Zurufe und Bemerkungen*
Vergibt ein Spieler eine große Chance oder gelingt ihm eine gute Leistung, verkündet der Trainer nicht selten lautstark vom Spielfeldrand: „Das kostet ein Bier" bzw. im positiven Fall: „Das gibt ein Bier!" Warum nicht eine Cola, ein Spezi oder eine Apfelschorle?

- *Einfluss nehmen auf das Bewusstsein der Erwachsenen*
Wenn Jugendliche und Erwachsene zusammen in einer Mannschaft Sport treiben, besteht die Gefahr, dass Erwachsene Jugendliche zum Alkoholkonsum animieren. Verdeutlichen Sie die Problematik dieses Verhaltens.

- *Einfluss nehmen auf die Preisgestaltung im Vereinsheim*
Treten Sie dafür ein, dass alkoholfreie Getränke im Vereinsheim billiger sind als Bier und Wein. Bier ist häufig in Vereinsheimen das billigste Getränk und regt Jugendliche zum Biertrinken an.

- *Keine Werbung für Alkohol und Zigaretten im Vereinsheim*
Treten Sie dafür ein, dass im Vereinsheim und insbesondere in Gruppenräumen, wo überwiegend Jugendliche zusammenkommen, Werbung auf Theken für Alkohol ebenso unterbleibt wie Werbung für Zigaretten.

Abschließend halte ich zur Suchtprävention fest: Eine auf Lebenskompetenzförderung ausgerichtete Suchtvorbeugung von Kindern und Jugendlichen erfordert eine breit gefächerte Mitarbeit und Unterstützung in den unterschiedlichsten Bereichen der Gesellschaft und engagierte Kooperationspartner.

Einen sehr hohen Stellenwert haben hier die Sportvereine, die durch ihre außerschulischen Freizeitangebote viele junge Menschen erreichen, denn rund 70 Prozent aller Heranwachsenden sind – zumindest zeitweise – in Sportvereinen aktiv. Somit bietet der Sport im Verein neben Elternhaus und Schule eine wichtige Basis zur Stärkung der eigenen Persönlichkeit, da über den Sport vielfältige Erfahrungen und Fähigkeiten vermittelt werden können wie:

- Fairplay und Rücksichtnahme,
- Selbstvertrauen,
- Selbstbewusstsein,
- Teamfähigkeit,
- Rückhalt in der Gruppe,
- Zuversicht,
- Konfliktfähigkeit,
- Durchsetzungsvermögen.

Indem der Sport Kindern und Jugendlichen ermöglicht, Eigenverantwortung, Eigeninitiative und Selbstständigkeit zu entwickeln, kann er sie befähigen, Verantwortung für das eigene Handeln zu übernehmen und ein selbstbestimmtes Leben zu führen.

Eine wesentliche Rolle spielen dabei die Eltern, die Betreuer, Übungsleiter und Trainer in den Sportvereinen, aber auch die Lehrer. Suchtprävention von Kindern und Jugendlichen ist ein Weg der vielen kleinen Schritte, der am wirkungsvollsten zum Ziel führt, wenn ihn alle Verantwortlichen gemeinsam gehen.

Eines der Hauptziele sollte deshalb sein, den Sport auch als Lebensschule zu sehen, denn hier lernen junge Menschen schon frühzeitig, mit Niederlagen und Erfolgen gleichermaßen richtig umzugehen. Deshalb sollte der Sport stets auch als Lernfeld zum Wohl der persönlichen und sozialen Entwicklung unserer Kinder und Jugendlichen dienen. Das bedeutet:

• Sportverbände und Sportvereine erkennen ihre Mitverantwortung und Möglichkeit an, in der Suchtprävention und Gesundheitsförderung engagiert tätig zu sein.

• Betreuer, Übungsleiter und Trainer sind motiviert und fähig, in ihrem Tätigkeitsbereich für Suchtprävention und Gesundheitsförderung Verantwortung zu übernehmen, die Persönlichkeit der Jugendlichen zu fördern und auch durch Alkohol und Drogen gefährdete Jugendliche im Training zu betreuen und im Sportverein zu integrieren.

Mens sana in corpore sana: Möge sich so – und in einem etwas erweiterten Sinn dieser altrömischen Sentenz – ein gesunder Körper unserer Kinder stets auch durch einen gesunden Geist und eine gesunde Seele auszeichnen!

Zusammenfassung und Ausblick

*„Wo können wir solch einen Spiegel finden,
wenn nicht in unserem Nächsten?
Hier, in der Gemeinschaft, kann sich ein Mensch
erst richtig klar über sich werden,
sich nicht mehr als den Riesen seiner Träume
und den Zwerg seiner Ängste sehen,
sondern als Mensch, der – Teil eines Ganzen –
zu dessen Wohl seinen Beitrag leistet.
In solchem Boden können wir Wurzeln schlagen und wachsen;
nicht mehr allein – wie im Tod –, sondern
lebendig, als Mensch unter Menschen!"*
Richard Beauvais

Alkoholismus und seine Folgen

Aus einem gesamtgesellschaftlichen Blickwinkel heraus gesehen hat der Umgang mit Alkohol in allen sozialen Schichten eine breite Akzeptanz. Alkohol ist ein integraler Bestandteil bei fast allen Festivitäten. Eine andere Tatsache dagegen wird zu gern verdrängt: das Ausmaß der Belastung, das durch alkoholbedingte Sterblichkeit (Mortalität), Frühverrentung, Arbeitsunfähigkeit, Krankenhausaufenthalte, ambulante Behandlungen usw. auf unser Gesundheitssystem zukommt. Eine Untersuchung des Robert-Koch-Instituts zeigt, dass sich die direkten und indirekten Kosten aufgrund alkoholbedingter Erkrankungen allein in Deutschland auf etwa 20 Milliarden € belaufen, eine gigantische Summe.

Vergegenwärtigt man sich diese enorm hohen Kosten, die das Gesundheitssystem jährlich belasten, lässt sich erahnen, wie folgenschwer der Konsum von Alkohol sein muss. Die Ergebnisse wissenschaftlicher Untersuchungen sind unbestreitbar: Ein regelmäßiger, exzessiver Konsum alkoholischer Getränke erhöht die Gefahr gesundheitlicher Beeinträchtigungen. Langjährige hochfrequente Trinkgewohnheiten führen zu vielen neurologischen, internistischen sowie psychischen Begleit- und Folgeerkrankungen. Im Folgenden nenne ich die häufigsten alkoholassoziierten Erkrankungen.

Neurologische Erkrankungen:
- Alkoholepilepsie (epileptische Anfälle mit Bewusstlosigkeit)
- Alkoholische Polyneuropathie (schmerzhafte Lähmung der Beine)

Internistische Erkrankungen:
- Leberzirrhose
- Entzündliche Erkrankung von Bauschspeicheldrüse, Mundhöhle, Schleimhaut der Speiseröhre, Magen und Dünndarm
- Krankhafte Herzmuskelerweiterung
- Herzschwäche
- Herzrhytmusstörungen

Psychische Erkrankungen:
- Alkoholdelir (Bewusstseinsstörung, Desorientiertheit hinsichtlich Raum, Zeit und Situation)
- Alkoholhalluzinose (Wahrnehmungsstörungen verbunden mit einer negativen Stimmungslage)
- Depression
- Eifersuchtswahn
- Alkoholbedingte Wesensveränderungen (Gedächtnisstörungen, verminderte Aufmerksamkeit und verminderte Konzentrationsfähigkeit, Stimmungsschwankungen, Abnahme der Kritik- und Urteilsfähigkeit)

Insgesamt ist der Alkoholkonsum neben dem Rauchen das gravierendste sozialmedizinische und gesundheitspolitische Problem in allen Industrienationen. Wie gravierend allein schon die alkoholbedingten körperlichen

Schädigungen sind, zeigt folgender Beleg: Forscher kommen in ihren Untersuchungen zum Ergebnis, dass übermäßiger chronischer Alkoholkonsum verbunden mit Alkoholabhängigkeit die Lebenserwartung um 30 bis 40 Jahre verringern kann.

Während die meisten oben genannten alkoholbedingten Erkrankungen erst im Erwachsenenalter auftreten, hat ein riskanter Alkoholkonsum bereits im Jugendalter negative Auswirkungen, insbesondere im Zusammenhang von Alkoholkonsum und Unfällen. Bekannte Tatsache ist, dass Jugendliche, die häufig und übermäßig Alkohol trinken, ein erhöhtes Unfallrisiko haben. Wenn man bedenkt, dass Unfälle in den Industrieländern die häufigste Todesursache bei Kindern und Jugendlichen sind, kann man auf diese Gefahrenquelle gar nicht häufig genug hinweisen.

Impulse für die Wissenschaft und Gesellschaft durch AA

Alkoholismus war bis 1935, dem Gründungsjahr der Anonymen Alkoholiker, etwas, das man heilen wollte, aber das man nicht einmal zum Stillstand bringen konnte. Weshalb das so war, wusste man nicht, und wie jemand dauerhaft vom Alkohol loskommen könnte, wusste man auch nicht. Erst mit der Verbreitung der Selbsthilfegruppen der Anonymen Alkoholiker hat auch die Forschung entscheidende Impulse erhalten, sodass das Wissen über den Alkoholismus wuchs. Zunächst setzte sich in den Vereinigten Staaten von Amerika, dann etwa 25 Jahre später auch bei uns die Erkenntnis durch, dass ein Trinker kein „verkommenes Subjekt", sondern suchtkrank ist.

Man wusste jetzt: Ein Alkoholiker ist nicht einfach ein haltloser, willensschwacher und asozialer Mensch, der sich eben mehr zusammenreißen müsste, um mit dem Trinken aufhören zu können. Auch kann ein alkoholabhängiger Mensch auf Dauer nicht weniger und in Maßen trinken. Abhängigkeit bedeutet, keine

Kontrolle mehr über das Suchtmittel zu haben. Alle Versuche des Abhängigen, kontrolliert zu trinken, misslingen. Seine Krankheit kann ein Alkoholiker auch nicht ursächlich heilen wie eine organische Erkrankung; er kann sie aber zum Stillstand bringen, wenn er aufgibt, bedingungslos kapituliert und sich eingesteht, dass er mit Alkohol nicht umgehen kann und dass er Hilfe braucht.
Sucht er diese Hilfe, beweist er Stärke.

Auffallend ist, wie oft Freundinnen und Freunde in den AA-Meetings von einem strengen Vater oder einer strengen Mutter erzählen, die sie ständig als Kind mit eigenen Ansprüchen überforderten. In diesem Zusammenhang wird auch viel von Körperstrafen gesprochen. In therapeutischen Sitzungen, so berichten auch die ausgebildeten Psychotherapeuten, treten aufgestaute Aggressionen gegenüber dem strengen Vater oder der Mutter hervor, die oft von ihrem Kind Unmögliches verlangten, weil sie gesellschaftlich gängigen und sehr geachteten Prestige-Normen gerecht werden wollten. Viele AA haben solche Erfahrungen gemacht und wissen: Eltern neigen zur Überforderung ihrer Kinder, wenn sie eigene, unerfüllte Wunschträume und Pläne in Töchter und Söhne verlegen und sagen: „Sie sollen es einmal besser haben."

Erwiesen ist auch aufgrund der Lebensgeschichten von AA: Abhängige erhielten in ihrer frühen Kindheit entweder zu wenig seelische Wärme und Zuneigung oder aber wurden maßlos übertrieben umsorgt, verwöhnt und mit Emotionen „überfüttert". Überbeschützende Gefühlsintensität kann ein Kind unselbstständig werden lassen und dazu führen, dass es später jede Anforderung als Zumutung und Überforderung erlebt. Deshalb weisen auch Fachleute zu Recht darauf hin, dass Abhängige mithilfe des konsumierten Suchtmittels ihr beeinträchtigtes Selbst zu stärken trachten. Das Suchtmittel soll dem Betroffenen jene Welt herbeiführen, die er in seiner Kindheit einmal erlebte oder entbehren musste.

Noch allgemein zulässig erduldbare Ereignisse wie Enttäuschungen und Zurücksetzungen, ebenso von Mitmenschen herbeigeführte Frustrationen können persönlichkeitsbildend sein, auch wenn die oder der Betroffene diese meist als unerfreulich, schmerzhaft und belastend bezeichnen muss. Diese Feststellung will keineswegs einer harten, autoritären Erziehung das Wort reden, sondern stützt vielmehr die allgemein verbreitete und sicher nicht falsche Auffassung, dass das Leben den Menschen präge. Die Lebensgeschichten von AA belegen ebenso wie wissenschaftliche Untersuchungen, dass Alkoholgefährdete eine geringere Fähigkeit besitzen, jedem Menschen widerfahrende Frustrationen erleiden zu können. Wissenschaftler sagen, dass eine verminderte „Frustrationstoleranz" bei Rauschmittelgefährdeten durch eine verwöhnende, überduldsame, nachgiebige und überfürsorgliche Mutter gefördert werde. Folgende Faktoren elterlichen Verhaltens können eine erhöhte Bereitschaft zum übermäßigen Alkoholkonsum beeinflussen:

• Mangelnde Auseinandersetzung der Eltern mit einem zeitgemäßen Erziehungsstil.

• Fehlendes erzieherisches Wissen und Können der Eltern.

• Einengung oder Behinderung der Persönlichkeitsentfaltung des Kindes durch eine verwöhnende, alles zulassende, verwahrlosende Erziehung und / oder durch einen autoritären Erziehungsstil.

• Übertragung von persönlichen Problemen der Elternteile auf das Kind.

• Zu hohe Leistungserwartungen der Eltern gegenüber ihren Kindern, bestimmt durch elterliches Prestigedenken und Prestigestreben.

AA wissen auch aus schmerzhafter Erfahrung: Alkoholismus ist nicht nur eine körperliche Krankheit, denn Alkoholabhängigkeit verändert den ganzen Menschen, auch seine Art zu denken und zu fühlen. Ein nasser Alkoholiker verleugnet in aller Regel – sogar bis zu seinem Tod –, vom Alkohol abhängig zu sein. Er belügt nicht nur sich, er belügt andere, redet sich selbst alle möglichen Gründe ein, warum er heute trinken muss. Er macht sich und anderen etwas vor, um sich selbst nicht als das zu sehen, was er ist: alkoholabhängig. Mal ist er verträglich bis euphorisch, dann wieder gereizt und aggressiv, mal zeigt er sich spendabel, obwohl das Geld knapp ist, dann weint er wieder vor Selbstmitleid, und ein anderes Mal fühlt er sich als der Größte.

Das veränderte Denken ist ebenso wie die veränderten Einstellungen und Handlungsweisen selbst dann vorhanden, wenn der Alkoholiker nicht betrunken ist. Diese Veränderungen verschwinden auch nicht einfach, wenn der Alkoholiker trocken wird. Die AA sagen deshalb: „Sobald ein Alkoholiker keinen Alkohol mehr trinkt und trocken ist, bekommt er einen Teil seiner Krankheit in den Griff. Sein Körper erhält die Möglichkeit, sich zu erholen. Wenn er nüchtern werden und nüchtern bleiben will – und das sollte eines der Hauptziele sein –, braucht er auch einen gesunden Verstand und ein gesundes Gefühlsleben, denn nur so kann er sein verworrenes Denken und seine unglücklichen Gefühle zurechtrücken. Aus diesem Blickwinkel wird einmal mehr deutlich, dass die Einübung und lebenslange Praxis der *Zwölf Schritte* ein Geschenk des Himmels für Menschen in Not sind."

Von Beginn an haben sich deshalb die AA entsprechend um sich und viele andere Menschen gekümmert, deren Krankheit so offensichtlich ist. Dabei hat sich gezeigt und zeigt sich jeden Tag auf der ganzen Welt: Mit der Hilfe trocken und nüchtern gewordener Alkoholiker kann ein Abhängiger am besten lernen, nicht mehr trinken zu müssen und sich mit sich und seiner Mitwelt ehrlich auseinanderzusetzen.

Wer Hilfe sucht, beweist Stärke

Wer daher zu den Anonymen Alkoholikern geht, muss weder besonders Mut aufbringen noch befürchten, dort eventuell erkannt zu werden – nein, die Anonymität wird strikt gewahrt, und alles, was dort gesprochen wird, bleibt dort und wird nicht nach außen getragen. Wer dort hingeht und Hilfe sucht, beweist Stärke.

Am Anfang muss die oder der eine vielleicht mögliche Schwellenangst überwinden. Wer sich aber darüber im Klaren ist, dass sie / er in einem Meeting der AA völlig frei, ehrlich und offen über ihre / seine Probleme sprechen kann, der bzw. dem Hilfesuchenden wird dies gut gelingen, denn alle anderen, die man bei AA vorfindet, hatten oder haben dasselbe Problem.

Bei AA trifft man keine „Penner", wie manche meinen, auch keine triste Ansammlung von Mühseligen und Beladenen, sondern Menschen aus allen sozialen Schichten. In den Meetings geht zwar manches unter die Haut, aber es wird auch gescherzt und gelacht. Man tut gut daran, sich darauf einzurichten, dass dort keine Lichtgestalten und plötzliche Heilige anzutreffen sind, sondern vielmehr Mitbetroffene mit allen normalen menschlichen Stärken und Schwächen: Menschen, die aufgrund des gelebten AA-Programms Ausstrahlung haben und entsprechend gelassen wirken, aber eben auch Menschen mit Schwächen und Hang zur „Profilneurose" oder einer gewissen „Sturheit", die sich ebenso wie bei den anderen AA in ihren Redebeiträgen spiegeln. All das sollte nicht zu sehr überraschen, denn im Beruf und Alltag ist es doch nicht anders: Wo Menschen sind, „menschelt" es auch. Ein AA-Freund zitiert dazu gern eine altrömische Lebensweisheit: „Ich bin ein Mensch, nichts Menschliches ist mir fremd!"

Doch keine Angst: Man lernt bei AA überwiegend Menschen kennen, die einem zusagen, mit denen man gut reden kann, mit denen man auch außerhalb der Gruppen gern zusammensein möchte. Und man kann in den Meetings Toleranz lernen, dazu Gelassenheit im Ertragen anderer Meinungen. Das kann jeder / jedem Hilfesuchenden nur gut tun.

Die Chance der Krise – ein Leben besser als gut

„Wir haben es uns angewöhnt, gut funktionierende Verleugnungsmechanismen mit seelischer Gesundheit gleichzusetzen", sagt der Psychotherapeut Wolfgang Schmidbauer.

„Die Anonymen Alkoholiker kennen seit 75 Jahren die tödliche Konsequenz dieser Haltung. Sie wissen aber auch, dass Alkoholiker nur dann an ihrer Abhängigkeit zugrunde gehen, wenn sie darauf beharren, lieber sterben zu wollen als Veränderung zu riskieren. Sie leben die Chance der Krise – die meisten besser als gut." (Horst Zocker in seinem Buch „Anonyme Alkoholiker".)

Das Allerwichtigste deshalb: *regelmäßig* in die Meetings gehen. Dem einen reicht ein Treffen pro Woche – weniger sollte es nicht sein –, die/der andere fühlt sich wohler, wenn sie/er mehrmals pro Woche in eine Selbsthilfegruppe geht. Entscheidend ist die Konstanz – Klarheit und Selbstdisziplin sind wichtige Voraussetzungen, damit die Trinkerei nicht wieder losgeht.

Das *Erinnertwerden* im Meeting an die nasse Zeit ist ganz wesentlich. Automatisch „denkt man dann auch den Film zu Ende", sagt Manfred und macht sich so ein klares Bild davon, was passieren würde, wenn man wieder zum ersten Glas greift – *und lässt es*.

Wer Meetings schleifen lässt, sich selbst vernachlässigt, wird meist über kurz oder lang wieder rückfällig. Der Besuch der Selbsthilfegruppe ist keine zeitlich befristete Angelegenheit, die man einer Therapie nachschaltet.

Deshalb ist es überaus hilfreich, das Meeting zu einem festen Bestandteil des Lebens zu machen. Viele, die anfänglich nur zögernd und missgelaunt in ein Meeting gingen, möchten es heute nicht mehr missen. „Hier kann ich meine Batterien neu aufladen", nennen sie es. Auch Unternehmer, Manager, Journalisten, Schriftsteller, Schauspieler, Politiker und viele andere, die mit der Ressource Zeit besonders zu kämpfen haben, richten ihre Terminpläne danach.

Das Schlusswort zu den Informationen und Empfehlungen in diesem Buch soll Heinz Kappes haben, der bis zu seiner Pensionierung als evangelischer Pfarrer arbeitete und der sich mit seinen hervorragenden Übersetzungen von AA-Literatur ins Deutsche als geistiger Wegbereiter der AA-Gemeinschaft im deutschsprachigen Raum über den Tod hinaus bleibende Verdienste erworben hat:

„ ... Die Anonymen Alkoholiker habe ich 1950 in New York kennengelernt ... Ich erfuhr von einer Krankheit, von der man nur durch die *Drei-Hilfen* genesen

kann: durch alle *Zwölf Schritte* des AA-Programms, durch die *Höhere Macht* und durch die *gegenseitige Hilfe in den Meetings.* Die unerhörten Erfolge ließen mich dieses Programm auf alle Arten der Süchte anwenden, denen ich bei vielen täglichen Gesprächen begegnete. So kann ich jetzt mit jedem Menschen über Gott in seiner Sprache sprechen, auch mit Atheisten und Agnostikern, mit Muslimen, Juden, Hindus, mit Menschen verschiedenster Kulturen und Überzeugungen. ...
Die Formel ‚Höhere Macht' lässt jede Offenbarung des unausdenkbaren und unvorstellbaren Gottes zu. Und jeder Betroffene muss die Rettung aus dieser tödlichen Krankheit auf seine individuelle Weise erfahren. Der große Erfolg der Anonymen Alkoholiker aber liegt darin begründet, dass niemand die selbst erfahrene Genesung behalten kann, wenn er sie nicht weitergibt. Wenn ein Teich keinen Abfluss hat, versumpft er.

Die Gruppen der Anonymen Alkoholiker wollen keine ‚Gemeinschaften des gemütlichen Elends' sein, sie wollen nicht heulen, sondern heilen. Darin unterscheiden sie sich von vielen Selbsterfahrungsgruppen, dass den Neuen immer ein Sponsor zur Verfügung stehen soll. Die Amerikaner nennen einen Neuen, der noch im Elend ist, einen ‚fledgling', ein noch nicht flügges Vögelchen. Ihm bieten sie durch Selbstdarstellung des überwundenen eigenen Elends den praktischen Weg an, damit er, wenn er will, auch durch diesen zunächst als so hart erscheinenden Weg des ‚Stirb und Werde' zu neuem Leben kommen kann ..."
Auszug aus „Gott, wie ich Ihn verstehe", in: Anonyme Alkoholiker, [4]1983

Gute 24 Stunden!

Service

In diesem Abschnitt nennen wir einige *hilfreiche Adressen und Internetseiten*, anschließend verweisen wir auf anregende und *weiterführende Literatur zu Spezialthemen*.

Hilfreiche Adressen und Internetseiten

Gemeinsames Dienstbüro für den deutschen Sprachraum Anonyme Alkoholiker Interessengemeinschaft e. V.

Waldweg 6
84177 Gottfrieding-Unterweilnbach
Tel.: 0049-(0)8731-32573-0
Fax: 0049-(0)8731-32573-20
Internet: www.anonyme-alkoholiker.de
Postanschrift:
Gemeinsames Dienstbüro
Anonyme Alkoholiker Interessengemeinschaft e. V.
Postfach 1151
84122 Dingolfing
Über diese Kontaktadresse sind auch detaillierte Auskünfte über AA im gesamten deutschen Sprachraum erhältlich.

Bundeszentrale für gesundheitliche Aufklärung (BZgA)

Ostmerheimer Straße 20
51109 Köln
Tel.: 0049(0)221-8992-0
Fax: 0049(0)221-8992-300
E-Mail: poststelle@bzga.de

E-Mail für Bestellungen von Medien und Materialien: order@bzga.de
Internet: www.bzga.de

Hilfreiche Hinweise der BZgA:
Auf der Internetseite www.kenn-dein-limit.de gibt es zwei neue interaktive Angebote. Die so genannte Alkohol-Bodymap zeigt leicht verständlich, welche Schäden durch zu viel Alkohol dem Körper zugefügt werden. Der Online-Promillerechner zeigt, wie viel Gramm reiner Alkohol zu welcher Blutkonzentration führt und welche Auswirkungen dies auf die Wahrnehmungsfähigkeit und auf die Gesundheit hat.

- Die BZgA unterstützt *Eltern*, eine eindeutige Haltung gegen unverantwortlichen Alkoholkonsum einzunehmen, an der sich die Kinder und Jugendlichen orientieren können. Die BZgA-Broschüre „Alkohol – reden wir darüber!" bietet alltagspraktische Informationen, Tipps und Hilfsangebote. Sie ist kostenlos und kann auch per E-Mail bestellt werden: order@bzga.de

- Jugendliche finden außerdem unter www.bist-du-staerker-als-alkohol.de viele hilfreiche Informationen über die Gefahren und Auswirkungen von Alkohol.

- „Kinder stark machen im Sportverein" (Bestellnummer: 33715000), Arbeitshilfe mit Praxisbeispielen und Tipps für die Kinder- und Jugendarbeit im Sportverein. Die 34-seitige Broschüre wendet sich an TrainerInnen und BetreuerInnen im Sportverein sowie an Erwachsene, die in der Kinder- und Jugendarbeit Verantwortung tragen.

Deutsche Hauptstelle für Suchtfragen (DHS) e. V.
Westenwall 4
59065 Hamm
Tel.: 0049(0)2381-9015-0
Fax: 0049(0)2381-9015-30
E-Mail: info@dhs.de
Internet: www.dhs.de

Deutsches Zentrum für Suchtfragen des Kindes- und Jugendalters
Martinistr. 52
20246 Hamburg
Tel.: 0049(0)4042803-2206
Fax: 0049(0)4042803-6571
Internet: www.uke.uni-hamburg.de

Stiftung für Seelische Gesundheit
c/o Deutsche Gesellschaft für Psychiatrie,
Psychotherapie und Nervenheilkunde e. V.
Reinhardtstr. 14
10117 Berlin
E-Mail: sekretariat@dgppn.de
Internet: www.seelischegesundheit.de

Weiterführende Literatur zu Spezialthemen

Anregungen und Gedanken aus der AA-Literatur

Anonyme Alkoholiker deutscher Sprache (Hrsg.)
Anonyme Alkoholiker
Vierte neu übersetzte und überarbeitete Auflage 1983
Nach der dritten neu überarbeiteten amerikanischen Auflage von 1980
„Alcoholic Anonymous"

Anonyme Alkoholiker deutscher Sprache (Hrsg.)
Zwölf Schritte und Zwölf Traditionen
Fünfte Auflage 1989
Nach der 17. amerikanischen Auflage von 1978
„Twelve Steps and Twelve Traditions"

Anonyme Alkoholiker deutscher Sprache (Hrsg.)
Trocken bleiben – nüchtern leben
Vierte Auflage 1987
Nach der amerikanischen Originalausgabe von 1975 „Living Sober"

Anonyme Alkoholiker deutscher Sprache (Hrsg.)
Wie Bill es sieht. AA – Ein Lebensweg
Dritte Auflage 1989
Nach der amerikanischen Originalausgabe von 1967 „As Bill Sees It –The AA."

Weitere Literaturempfehlungen

Appel, Christa (Hrsg.): Kinder alkoholabhängiger Eltern. Ergebnisse der Suchtforschung, Freiburg i. Br. 1994

Berke, Sylvia: Familienproblem Alkohol. Wie Angehörige helfen können, Baltmannsweiler 2008

Berne, Eric: Spiele der Erwachsenen. Psychologie der menschlichen Beziehungen, Reinbek bei Hamburg [8]2007

Berne, Eric: Sprechstunden für die Seele. Psychiatrie und Psychoanalyse verständlich gemacht, Reinbek bei Hamburg 1979

Biernath, Christine: Hochprozentiges Spiel, Stuttgart 2008 (ein Jugendroman)

Borowiak, Simon: Alk. Fast ein medizinisches Sachbuch, München 2007

Bremeyer, Annette: Wenn Jugendliche Alkohol trinken. Grundlagen – Praxis – Auswege, Hannover 2010

Deutsche Hauptstelle für Suchtgefahren e. V. (DHS / Hrsg.): Jahrbuch Sucht, Geesthacht (erscheint jährlich)

Deutsche Hauptstelle gegen die Suchtgefahren e. V. (DHS / Hrsg.): Suchtkrankenhilfe in Deutschland. Geschichte, Strukturen, Perspektiven, Freiburg i. Br. 1997

Deutsche Hauptstelle gegen die Suchtgefahren e. V. (DHS / Hrsg.): Sinnfrage und Suchtprobleme. Menschenbild, Wertorientierung, Therapieziele, Hamm 1986

Duval, Aimé: Warum war die Nacht so lang? Wie ich vom Alkohol loskam, Freiburg i. Br. [4]1986

Gaßmann, Raphael: Jugendliche und Suchtmittelkonsum. Trends – Grundlagen – Maßnahmen, Freiburg i. Br. 2008

Grün, Anselm: Wege durch die Depression. Spirituelle Impulse, Freiburg i. Br. / Basel / Wien 2008

Harris, Thomas A.: Ich bin o. k., du bist o. k. Wie wir uns selbst besser verstehen und unsere Einstellung zu anderen verändern können. Eine Einführung in die Transaktionsanalyse, Reinbek bei Hamburg [38]2003

Harsch, Helmut: Hilfe für Alkoholiker und andere Drogenabhängige. Mit einem Vorwort von Lothar Schmidt, München 1976

Haug-Schnabel, Gabriele / Schmid-Steinbrunner, Barbara: Wie man Kinder von Anfang an stark macht. So können Sie Ihr Kind erfolgreich schützen – vor der Flucht in Angst, Gewalt und Sucht, Düsseldorf 2005

Heckel, Jürgen: Sich das Leben nehmen. Alkoholismus aus der Sicht eines Alkoholikers, München 2004

Herhaus, Ernst: Kapitulation. Aufgang einer Krankheit, Zürich 1986

Hoffmann, Alexander: Endlich frei von Alkohol. Rat und Hilfe für Betroffene und Angehörige, Heidelberg 1999

Hohagen, Fritz / Nesseler, Thomas (Hrsg.): Wenn Geist und Seele streiken. Handbuch psychischer Gesundheit, München 2006

Horsch, Helmut: Alkoholismus, München 1980

Jaußen, Heinz-Josef / Körtel, Käthe (Hrsg.): Der Rückfall. Eine Handreichung für Suchtbetroffene und Helfer, Freiburg i. Br. 2002

Jost, Klaus: Depression, Verzweiflung, Suizidalität. Ursachen, Erscheinungsformen, Hilfen, Ostfildern 2006

Klein, Michael: Kinder und Suchtgefahren. Risiken – Prävention – Hilfen, Stuttgart 2007

Knapp, Caroline: Alkohol – meine gefährliche Liebe, Reinbeck bei Hamburg 1998

Körkel, Joachim (Hrsg.): Der Rückfall des Suchtkranken. Flucht in die Sucht? Berlin 1992

Lambrou, Ursula: Familienkrankheit Alkoholismus. Im Sog der Abhängigkeit, Reinbek bei Hamburg 1990

Leinemann, Jürgen: Das Leben ist der Ernstfall, Hamburg 2006

Lindenmeyer, Johannes: Lieber schlau als blau. Entstehung und Behandlung von Alkohol- und Medikamentenabhängigkeit, Weinheim/Basel ^{8}2010

Lindenmeyer, Johannes / Rost, Simone: Lieber schlau als blau – für Jugendliche. Ein Präventionsprogramm für die Schule, Weinheim 2008

Moeller, Michael Lukas: Anders helfen. Selbsthilfegruppen und Fachleute arbeiten zusammen, Stuttgart 1981

Moeller, Michael Lukas: Selbsthilfegruppen, Reinbek bei Hamburg 1978

Rogge, Jan-Uwe: Pubertät. Loslassen und Haltgeben, Reinbek 2005

Russland, Rita: Suchtverhalten und Arbeitswelt, Frankfurt a. M. 1988

Schiffer, Eckhard: Warum Huckleberry Finn nicht süchtig wurde. Anstiftungen gegen Sucht und Selbstzerstörung bei Kindern und Jugendlichen, Weinheim 2001

Schmidt, Lothar: Fahrschule des Lebens. Hilfe zur Selbsthilfe, Frankfurt a. M. 2007

Schmidt, Lothar: Alkoholkrankheit und Alkoholmissbrauch. Definition – Ursachen – Folgen – Behandlung – Prävention, Stuttgart ⁴1997

Soyka, Michael: Alkoholismus. Eine Krankheit und ihre Therapie, Stuttgart 1997

Szafranski, Nadine: Jugendalkoholismus und Suchtprävention. Prävention in der Sozialarbeit, Berlin 2009

Thomasius, Rainer / Häßler, Frank / Nesseler, Thomas (Hrsg.): Wenn Jugendliche trinken. Auswege aus Flatrate-Trinken und Komasaufen: Jugendliche, Experten und Eltern berichten, Stuttgart 2009

Thomasius, Rainer / Küstner, Udo: Familie und Sucht, Stuttgart 2005

Weber, Annette: Sauf ruhig weiter, wenn du meinst! Mülheim an der Ruhr 2004 (ein Jugendroman)

Weber, Monika: Die dunkle Seite meines Lebens, Frankfurt a. M. 1981

Zocker, Horst: Anonyme Alkoholiker. Selbsthilfe gegen die Sucht, München ⁴2006

Register

AA (Anonyme Alkoholiker) in
 Deutschland 42
AA-Lebensprogramm 14
AA-Meeting 117 f.
AA-Zugehörigkeit 51
Abstinenz, lebenslange 36, 43, 60
Al-Anon 81 ff.
Alateen 84
Alkoholabhängigkeit 5, 7, 15 ff., 22, 24, 27,
 34, 40, 43, 54, 67, 79, 87
Alkoholeinfluss 93
Alkoholembryopathie 87
Alkoholikerfamilie 67 ff.
Alkoholismus 5 f., 9, 28, 34, 36, 38 f., 43,
 53, 68, 111 ff.
Alkoholkonsum 5, 7, 17, 43, 93 f., 96
Alkoholkrankheit 5, 7, 28, 62
Alkoholmissbrauch 24, 87
Alkoholproblem 43
Alkoholtote 17
Alkoholvergiftung 20, 87, 104
Alkoholverlangen 57 ff.
Anerkennung 78
Angst 33
Anonymität 42, 52

Bewusstseinsveränderung 46, 54
Binge-Drinking 94 ff.
Blaues Buch 43

Co-Abhängigkeit 67 ff.
Co-Verhalten 80

Delirium 20, 112
Depression 112
Durchsetzungsvermögen 109

Einsamkeit 33
Entgiftung 92
Erfahrung, geistige 55
Erfahrung, gelebte 49
Erfolg, therapeutischer 39
Erneuerung 37
Erwachen, spirituelles 45

Familiendrama 74
Flatrate-Trinken 93
Fluchtphase 71
Fluchtweg 36
Frieden, innerer 41
Frustrationstoleranz 115

Gefährdung, akute 63
Gefährdung durch Alkoholwerbung 58
Gehirn 59
Gehirnschwund 97
Geist 11, 13
Gelassenheit 117
Genesung 49 f.
Genesungseinsatz 7, 60
Genesungsprogramm 6, 10, 13, 78
Genesungsziel 13
Gottesbegriff 47
Grenzüberschreitung 17

Hilfe durch Nichthilfe 67
Hilferuf 35
Hilfe zur Selbsthilfe 41
Hirnforschung 6
Höhere Macht 11 f., 46 f., 53 f., 119

Inspiration 12

Jugendschutz 85 f.

Kampftrinken 93
Kapitulation 30 ff., 45 f.
Komasaufen 93
Konfliktfähigkeit 109
Kontaktfähigkeit 65
Kontrollverlust 25
Körper-Seele-Geist-Bezug 11
Krankheitsbild 68
Krankheitsprozess 68 f.

Langzeittherapie 91
Lebensbereicherung 49
Lebensbewältigung 16
Lebenseinstellung, neue 49

Lebenserfahrung, praktische 56
Lebenskonzept, neues 10
Lebenskraft 37
Lebenskrise 37
Lebensmut, neuer 29
Lebenswende, totale 46
Leberzirrhose 112
„Lieber schlau als blau" 100 ff.

Machtlosigkeit 30, 32, 45, 65, 79
Medikamentenabhängigkeit 16

Nächstenliebe 48
Niedergeschlagenheit, völlige 33
Nüchternheit 48

Ohnmacht 33

Präventionsmaßnahmen in Sportvereinen 103 ff.
Problemblindheit 63
Pubertät 93

Rausch im Sportverein 89
Redekur 39
Resignationsphase 71
Robert-Koch-Institut 111
Rollenmuster von Kindern in Alkoholikerfamilien 76 ff.
Rückfall 57 ff.
Rückfallgefahr 7, 66
Rückfallproblematik 61
Rückfallprophylaxe 63
Rückhalt in der Gruppe 109

Schuld 34
Schuldgefühl 33
Seelenstärke 37
Selbstachtung 33
Selbstbetrug 13
Selbstbeurteilung 47
Selbstbewusstsein 109
Selbsterkenntnisprozess 47
Selbsterziehung 49
Selbsthilfe 50
Selbstliebe 48
Selbstvertrauen 109

Selbstwertgefühl 98
Selbstzerstörung 13
Spiritualität 53 ff.
Sport als Lebensschule 110
Suchtgedächtnis 57 f., 97
Suchtkarriere 17, 19
Suchtsystem der Familie 74
Suchttherapie, moderne 60

Tiefpunkt, persönlicher 31, 36, 41, 46
Trennungsphase 71
Trinken, exzessives von Kindern und Jugendlichen 85 ff.
Trinkgewohnheiten, langjährige hochfrequente 112
Trinkverhalten 25
Trinkverhalten, risikoarmes 98
Trinkzwang 10
Toleranzentwicklung 97
Trockenheit 13, 48

Urvertrauen, seelisch-geistiges 12

Veränderungsprozess 70
Verantwortung 16
Verantwortungsbewusstsein 88
Verantwortungsflucht 17
Vereinsamung 21
Vergiftung, chronische 36
Verleugnungsphase 68
Vorbildfunktion 105, 107
Vorbeugung 62 f.
„Vorglühen" 95

Weisheit 12
Weltgesundheitsorganisation (WHO) 28
Wendepunkt 31
Werbebilder, auf Alkohol bezogen 58

Zehn goldene Lebensregeln 13
Zufriedenheit, nüchterne 10
Zuneigung 78
Zusammenbruch 78
Zuversicht 109
Zwangseinweisung 35
Zwölf-Schritte-Programm 6, 10, 44 ff., 49
Zwölf Traditionen 6, 44, 49 ff.